スポーツとしての相撲論

力士の体重はなぜ30キロ増えたのか

西尾克洋

光文社新書

まえがき

初めまして。
西尾《にしお》克洋《かつひろ》と申します。

軽く自己紹介すると、私は１９８０年鹿児島生まれ、川崎育ちで、外資系のＩＴ企業に勤めながらライターをしている兼業スポーツライター・相撲ライターです。「Ｎｕｍｂｅｒ」のようなスポーツ誌や「現代ビジネス」といったメディアに寄稿しつつ、キー局からのご依頼に応える形でテレビの取材を受けることもあります。また、２０２０年からはヤフーで相撲関係のニュースに専門家としてコメントを残す「ヤフー公式コメンテーター」に就任いたしましたので、なんらかの形で私の記事などをご覧になったことがある方もいらっしゃるのではないかと思います。

元はといえばＮＨＫで中継が流れていたら相撲を観るくらいの、「若貴《わかたか》」を通過した世代の中では普通のレベルの相撲ファンでした。ただ詳しくは別の項（Ｑ30）で述べますが、相撲から一度離れて20歳を超えてからまた戻ってきて、そこからブログを始め、ライターとしてお仕事をいただいております。

最近出会う相撲ファンの方にしている話なのですが、相撲ほどわかりやすい競技は他にないと思っています。身体が大きなもの同士が身体をぶつけ合って闘うという非常に原始的だけど実は奥が深くて、誰が見ても勝敗がわかる。相撲を好きになるきっかけのほとんどが親や祖父母と一緒に観ていたことだと思うのですが、子供が入りやすいスポーツと言えるんじゃないでしょうか。

ただ、これも「相撲あるある」なのですが、かなり多くの方が小学校高学年から中学生くらいで一度相撲を離れるんです。これは他の競技のほうがカッコよく映ることや、自分でその競技をやり始めることも大きいのですが、相撲のわかりやすさが逆に敬遠される原因になるのではないかと思うのです。あとは、風貌やファッションといった相撲特有の文化が今の若者文化とかけ離れていることも一因です。

言い換えると、大人になって相撲観戦の世界に戻ってくる方は、相撲を自分の意志で選んでいることになります。髷《まげ》も、まわしも、体格も、相撲特有の文化って２０２１年を生きる者からするとどう見ても変なんですけど、その変なところこそが大相撲ならではの味であって、逆にそれがなくなったとしたら単なる普通の競技になってしまうわけですしね。敬遠される要素であることを受け入れて戻ってくるのですから、それだけ相撲に対する思い入れが強いということだと思うのです。

１９９０年代のように大相撲全盛期であればそうした特性も世間的にある程度受け入れられていましたが、30年近く経つと世間の感覚と大相撲の持つ特殊性にかなり隔たりが生じてきているのが実情です。趣味の多様化が進んでいることも重なって、今や大相撲はマイナースポーツと言わざるを得ないかと思います。つまり、相撲を自ら選んでも周囲に同じ趣味を共有できる方がとても少ない、もしくはいないことさえあるわけです。

で、これが相撲を趣味にする場合に続けにくくなってしまう一因にもなりかねないのです。趣味というのは一般的に自分の状況に応じて熱量に波があって、深入りしている時は良いのですが、仕事や家庭が忙しい時は離れがちになってしまいます。そういう時、周囲に同じ趣味を持つ友人や知り合いがいれば興味が持続しやすいのですが、大相撲はマイナースポーツ化しているため、熱量の落ちたタイミングで離れてしまうおそれがあります。

さらに相撲の難しい点だと思いますが、ライトなファンの方が深入りしづらいところがあるんですよね。

１５００年もの歴史があって、文化的な要素が強くて、それゆえに「これは何だろう？」とは思うけど掘り下げ始めるとキリがなくて、でも詳しい人はそういうものをある程度トータルで押さえているので、知らない立場で楽しみにくい側面はあると思います。

どんな世界でも言えることかもしれませんが、ライトな立場の方に対してコアなファンが厳しく接するのが問題じゃないかと思っています。例えば横綱《よこづな》が敗れた時、ＳＮＳなどで「金星《きんぼし》」と表現する方がいますが、正確には勝った力士が小結《こむすび》や関脇《せきわけ》といった三役《さんやく》だと金星には該当しません。こういう間違いを、彼らは指摘してくれます。ある意味で親切だとは思うのですが、こういう指摘を顔の見えないコアな方にされているのを目撃すると、相撲について知らないということを言いづらくなっちゃうんですよね。

今の時代は誰もが情報を発信できるし、情報を得たければ能動的に動けるのでいくらでも深掘りできる幸せな時代ではありますが、多くの人の目があることを意識しなければならない。楽しいのか楽しくないのかよくわからないんじゃないかと思うんです。楽しんでいるところにどこでブレーキをかけられるかわからないから、自分を50㎝くらい上から客観視していくことになる。人の目を気にせずシンプルに楽しめばいいのに、とも思うのですが……。今の世の中だからこそ深入りを妨《さまた》げる固有の理由があって、そこにハマりがちな特性を持っていることは大相撲の弱点だと思います。

ただ私個人としては、仕事やプライベートが忙しかったり、相撲界に不祥事が続いていて嫌な気分になることもありますが、それでも2カ月に一度大相撲中継が行われているとテレビ観戦し、楽しい気分になれます。

力士はアスリートではなく、お相撲さんです。先日上映された「相撲道」という大相撲のドキュメンタリー映画では、元力士で漫画家の琴剣《ことつるぎ》さんが力士のことを武士だと評していました。また、力士と書いて「ちからびと」と読むところからも、力士は21世紀を生きる我々が遥か昔に忘れてしまった日本人としての何かを持っているのではないかと思うのです。

武士を実際に見ていない現代人が力士のことを武士だと評してもそれを否定する気持ちにはなりませんし、謎の説得力がある。力士の凄味を我々は目の当たりにしており、かつての日本人の普通じゃない生き方を今も体現している存在として、彼らに武士という言葉を用いることができるのではないかと私は解釈しています。今の日本で、武士にたとえられるような超越した生き方をしている個人はいるかもしれませんし、実際そういう人を形容するワードとして武士を用いることはあります。しかし、競技者全体が古きよき時代を生きた超人になぞらえて表現され得る世界は他にありません。

今の日本に私達が忘れた日本人がいて、２カ月に一度その名に恥じない闘いをしている。そんな彼らが展開する大相撲の楽しみ方と、あまり語られていない側面を伝えていきたいと私は普段から考えており、ライターとして様々な角度から記事を書いているところに今回の書籍の話をいただきました。

大相撲にしかない魅力がある一方で、大相撲だからこそ離れてしまう理由がある。私が今まで見てきた大相撲の魅力をこの機会に皆さんにおすそ分けすることによって、大相撲に対する理解を深める一助とし、大相撲をさらに楽しんでいただきたい。

今回の本は、いわゆる従来の相撲の入門書とは趣《おもむき》が異なる作りになっています。私が知っている限りでは相撲の歴史や裏方の役割など、文化的な側面や相撲を取り巻く周辺情報も含めてトータルで取り上げるコンテンツが多いのですが、正直なところその辺の知識はなくても楽しめます。それが大相撲の良いところです。

相撲は知識的なハードルが高いと思われがちです。本著はその辺りについても若干触れてはいますが、全てをカバーする性格のものではありません。あらかじめご理解いただければと思います。

では本書が何にフォーカスしているのかと言えば、２０２１年の大相撲。「スポーツとしての大相撲」です。大相撲がスポーツとして現在どのような状況なのか、力士の実態はどのようなものなのか、そして何かと取りざたされている数々の問題や課題について取り上げる構成となっています。

大相撲というと90年代のイメージを持たれている方が多いのですが、当時から30年近く経過するとイメージとは異なる実態があります。例えば昔は中学を卒業するとすぐに相撲部屋に入門する流れが一般的でしたが、今では高卒や大卒の比率がかなり高くなってきています。そして、入門年齢が上がることによって力士の出世トレンドも変わってきています。大相撲は世の中のトレンドとは異なる世界のようでいて、実はその影響を強く受けているのです。

他にも例を挙げると、今の大相撲は外国人力士が中心という認識を持たれているかもしれませんがこれも少し違いますし、組んで寄り切る相撲が大勢という傾向も劇的に変わってきています。スポーツ界全体で起きている体格向上の波についても大相撲独自の背景から進行していますし、怪我への対応についてはむしろ前時代に戻るという決断をしている側面もあります。

現在の大相撲を紐解くことによって見えるのは、楽しい部分だけではありません。ご存じの通り、大相撲は問題が山積《さんせき》した世界でもあります。着手している部分もあれば、議論にさえなっていない部分もあります。魅力的な世界だからこそ持続的な形で繁栄するためにどうすれば良いのかを考えていくことも必要です。この楽しい世界がこれからも続いていくことを願っているからこそ、楽しい話だけをしているわけにはいかないのです。大事なのは、まず課題を正しく認識することではないかと思います。

大相撲は現在の立ち位置だと趣味にした時に続かなくなる理由が多く、また理解を深めようとした時に障壁となる部分もある。ただこれだけ特殊で、魅力的で、そして問題の多いスポーツ・文化というのも珍しいと思います。本書は大相撲に対する喜怒哀楽を整理するためのものだと書き終えてから感じましたが、感覚的な印象を理屈や言葉で表現するとそれは再発見になり、興味の持続と深耕に繋がります。

本書を通じ、皆さんにも大相撲を再発見していただければ幸いです。

スポーツとしての相撲論

目 次

第2部　力士という生き方

第3部　変わる相撲界

第1部　相撲というスポーツ

Q１　２０２１年現在の大相撲はどのような時代なのでしょうか？　誰か強い力士が他を圧倒しているのか、上位と下位の差があまりないのか、どういう構図になっているのか知りたいです。

２０２１年の大相撲は、かつてないほど実力伯仲と言える状況です。良く言えば実力伯仲なのですが、悪く言えば「ドングリの背比べ」という印象を抱く方もいます。ここで大事なのは、今の大相撲がなぜそのように受け止められているのかということです。

この点については、現在上位にいる力士の状況を振り返る必要があります。30代半ばの大ベテラン横綱の白鵬《はくほう》と鶴竜《かくりゅう》は現役ですが、休場と出場を交互に繰り返している状況で、２０２０年十一月場所後に横綱審議委員会から「注意」を受けています。この「注意」というのは、成績が振るわなかったり素行などに問題がある場合に下される処分です（その後、２０２１年3月24日に鶴竜は現役引退を発表）。

白鵬は出場すれば優勝争いに絡みますが休場が多く、鶴竜については最後の優勝が２０１９年七月場所、15日間を皆勤したのも２０２０年三月場所が最後ということで、横綱が本場所で15日間取り終えることはおろか、初日から２人そろって休場するケースも多くなっています。

少し話題はそれますが、不祥事などの問題ではないのに「注意」の処分が下されたことや、貴乃花《たかのはな》や稀勢《きせ》の里《さと》はもっと長期連続休場をしていたにもかかわらず彼らには同様の処分が下されなかったこともあり、厳しすぎるのではないかという意見もありました。ですが、貴乃花や稀勢の里は本場所中の大怪我という事情があったので、一概に休場の長さだけが指標ではありません。横綱として出場もままならない機会が増えているのは事実なので、的外れな対応というわけでないことは付け加えておきます。

では横綱の下の大関《おおぜき》が土俵を引っ張っているかというと、そうでもありません。大関の優勝は２０１７年一月場所で当時大関だった稀勢の里が優勝して以降、２０２０年十一月場所に貴景勝《たかけいしょう》が２度目の優勝を飾るまで途絶《とだ》えていました。この間、実に約４年です。しかも、この４年間はちょうど白鵬や鶴竜の休場が増えてきた時期と一致します。

この時大関だったのは豪栄道《ごうえいどう》と照ノ富士《てるのふじ》でしたが、豪栄道は１９８６年生まれでベテランでした。大関が優勝していない期間は優勝争いに２度加わりましたが、２０２０年に引退しました。照ノ富士は膝などに大きな怪我を負い、この後序二段《じょにだん》まで番付を落としてしまいます。その後大関に昇進したのが高安《たかやす》と栃ノ心《とちのしん》でしたが、高安は腰を怪我して大関から陥落。栃ノ心もまた膝に怪我を負い、大関の座を明け渡すことになりました。

入れ替わるように大関に昇進したのが、現在の大関の３人（貴景勝・朝乃山《あさのやま》・正代《しょうだい》）です。彼らは番付が下の時代に優勝を経験していますが、大関になってからは絶対的な力を発揮するまでには至っていません。むしろ追いかけられる立場になり、勝負どころで敗れる相撲が目立っているのも事実です。

今の大関３人と横綱以外でこの４年間に誰が優勝しているかといえば、大関を手中に収める前の栃ノ心、ベテランの玉鷲《たまわし》、ツボに入ると手が付けられない御嶽海《みたけうみ》、幕内最下位（幕《まく》尻《じり》）から誰もが予想していなかった優勝を果たした徳勝龍《とくしょうりゅう》、怪我から復活した照ノ富士、２０２１年一月場所での優勝が記憶に新しい大栄翔《だいえいしょう》の６人です。

かつて白鵬が優勝を重ねていた時代とは異なり、今は誰にでも優勝するチャンスがあります。だからこそ、勢いづいてくると全ての力士が野心を持ち、思い切った相撲が取れるのです。逆に上位の力士達は彼らの挑戦を受ける立場で、勝たねばならないという重圧が掛かります。精神的にはプラスではない状況で、しかも大関としてのキャリアがまだ浅い。番狂わせは、起こるべくして起きているのです。

ただ、このように4年もの間誰もが野心を持って優勝争いに加われるのは、異例のことです。というのも、年6場所制になった昭和30年代以降の大相撲は、必ず時代の中心となる大横綱が君臨していたのです。

栃錦《とちにしき》と若乃花《わかのはな》。

大鵬《たいほう》と柏戸《かしわど》。

北《きた》の富士《ふじ》と玉《たま》の海《うみ》。

北《きた》の湖《うみ》と輪島《わじま》。

千代《ちよ》の富士《ふじ》。

貴乃花と曙《あけぼの》。

朝青龍《あさしょうりゅう》。

そして、白鵬。

彼らが次の世代にバトンタッチをしてきたのです。

データで見ると、時代を担う力士達の成績が下降線を辿ると必ず次世代の才能ある力士が現れ、今のような戦国時代はせいぜい1年しか続きません。そして次の世代の大横綱を中心とする時代が到来するのです。

ボロボロだった貴乃花が若くて勢いのある朝青龍の猛烈な攻めを受け切った末に勝利し、感情をむき出しにして怒る朝青龍という名場面もありましたし、その貴乃花（当時は貴花《たかはな》田《だ》）は初めての対戦（初顔合わせ）で千代の富士を破り、千代の富士が数日後に引退する大事件もありました。時代の担い手同士が交錯し、名勝負を繰り広げることによってさらに成長してきた歴史があるのです。

ただ、現在はどうでしょうか？　白鵬は、まだ次の時代を担うであろう力士と名勝負を繰り広げていないのです。

貴景勝も、朝乃山も、正代も、白鵬との直接対決では大きく負け越しています。確かに最近では白鵬の15日間皆勤が少なく、朝乃山と正代は大関に昇進したのが最近なので、成長して以降は力をぶつけた対戦自体が少ないという事情はありますが、白鵬の調子が良ければまだ勝てない。むしろ印象的なのは、貴景勝との対戦途中で両者見合った形になり「掛かってこい！」と言わんばかりに両手を広げて構えたあの一番だったりします。しかも、その一番に白鵬は勝っています。

今は確かにどの力士が優勝してもおかしくはありません。しかし好調の白鵬が15日間皆勤した場合、その構図は大きく崩れることになります。全ての力士が白鵬に離されずについていこうとして、誰が勝ってもおかしくないほど実力が拮抗しているからこそ星の潰し合いが起き、抜きんでた存在の白鵬が独走する展開になります。

本来、横綱の立場で休場が増えると成績も落ちるものです。白鵬は高いレベルではありますが成績は確かに落ちてきています。年間で優勝が1～2回というのは5年ほど前から考えると信じられませんが、その1～2回で強烈な印象を残していきます。休場することによって結果的に、出場した場所で力が発揮できていることになります。

そしてこれは不思議な特徴なのですが、白鵬は敗れても世代交代を思わせる凋落が感じられないのです。自身のミスなのか、伏兵に会心の相撲を取られたのか、そのような一番になりがちです。つまり、白鵬の強さをある程度引き出したうえで勝てる力士が、稀勢の里以降はいないのです。

白鵬がいなければ実力伯仲。白鵬がいれば白鵬中心。今の大相撲がどんな時代かを説明すると、そう言えるのではないでしょうか？

ここで一つ疑問が湧くかと思います。なぜ、白鵬を脅かす力士がここまで長い間出現しなかったのでしょうか？

大横綱レベルとまではいかなくても、大関で安定して活躍したり横綱になれるレベルの力士さえ、白鵬以降現れていないのです。白鵬は現在35歳ですが、大関への昇進で一番のボリュームゾーンになるのが20歳〜22歳です。つまり、もう15年近くそういった可能性を持つ力士が出てこなかったと言えるのです。

これは果たして人材難なのか、それともどこかで才能が潰れているのか。Q10にて詳しく説明しましたのでご覧ください。

Q2　朝青龍が出てきた頃から外国人力士が強い印象があります。35歳の白鵬が今も横綱として君臨していますが、外国人力士はどうしてこんなに強いのですか？

まず、現状について目線を合わせたいです。外国人力士はある側面から見ると今もなおとても強いと言えますが、別の面から見ると朝青龍全盛期や白鵬全盛期と比べるとそこまで強いわけではありません。

外国人力士の優秀さについて現状を見てみましょう。

大相撲で優秀な力士とされるのは、十両以上の番付の関取《せきとり》と呼ばれる力士達です。彼らは年収１０００万円を超え、付け人が付き、個室が与えられます。場合によっては相撲部屋ではない場所に住まいを借りたり購入することも可能です。しかし、それよりも下の地位（幕下以下）だと年収は１００万円以下でほとんどの場合は関取や親方の付け人を務め、大部屋での生活を余儀なくされます。

大相撲には２０２１年１月現在６７６名の力士が在籍しており、その中で十両以上の力士は70名。上位10・７％に入る力士が優秀で、待遇も一人前とされますが、幕内に所属する外国出身力士（日本国籍を取得した力士もいるためこの呼称とします）は11人、十両は３人です。幕下７名、三段目４名、序ノ口１名なので、割合では53％が優秀な力士と言えます。

対する日本出身力士は幕内が31名、十両は25名。幕下が１１３名、三段目は１９６名、序二段が２１８名、序ノ口56名、前相撲と番付外を合わせて11名。日本出身力士の十両以上の比率は８％ということで、外国出身力士と比べると大きく水をあけられている状態です。優秀な力士の割合で見ると外国出身力士のほうが圧倒的に多いのが実情ですが、果たしてこの差はいったいどこから来ているのでしょうか？


実は、大相撲には野球などで言うところの「外国人枠」が存在します。

大相撲では力士が必ず「部屋」に所属し、コーチ役である親方と衣食住を共にしているのですが、外国出身力士は部屋に１名しか所属することができません。なお、仮に日本国籍を取得しても枠は増えません。例外として、所属部屋の閉鎖などで移籍するケースがあり、この場合は外国出身力士が所属する部屋に移籍することも可能です。そのため、外国出身力士は入門の枠自体が非常に少ないのです。

なお、この「外国人枠」については元々無制限で、一つの例としては１９７５年当時、朝《あさ》日《ひ》山《やま》部屋には6人のトンガ人力士が所属していました。しかし親方の逝去に伴い先代親方の夫人と後継親方との間で確執《かくしつ》が起き、全員廃業するといういわゆる「トンガ騒動」がありました。

その後１９９２年には１部屋２名以内、大相撲全体で40名に変更され、２００２年からは１部屋１名までに、さらに２０１０年には外国人枠から外国出身力士枠へと変更されることになりました。１９９２年にはハワイ出身力士として小錦《こにしき》の他にも曙が台頭してきており、また２００２年には朝青龍、旭鷲山《きょくしゅうざん》、旭天鵬《きょくてんほう》といったモンゴル人力士が数多く頭角を現してきていました。２０１０年は現役中に引退を見据えて日本国籍を取得する外国人力士が増えてきた背景もあり、このような措置が取られたと思われます。

外国人力士・外国出身力士の活躍は大相撲をけん引してきましたが、小錦が大関に、曙が横綱になり、そしてモンゴル人力士が上位に昇進したこともあり、そのままでは上位のほとんどを外国出身力士が独占する可能性が出てきたため、人気低迷のリスクを考慮したのではないでしょうか。

また外国出身力士の枠を使わない部屋もありますが、現在外国出身力士を採用したい相撲部屋の多くには既に外国出身力士が在籍しているという事情があり、現時点では新しく相撲部屋が誕生したり、既存の外国出身力士が引退するといったことが起きない限り、入門すら難しい状態です。

前述の通り外国出身力士は基本的に優秀ですが、外国人枠の兼ね合いで入門を待たされることがあるほど、外国出身力士は相撲部屋に行き届いています。そのため、優秀な力士でなければ入門さえ叶わない。ただでさえ優秀な才能が集まるのに、枠が少ないためになおさら優秀でなければいけないのです。

冒頭の質問、「なぜ外国人力士は強いのか？」に端的に答えると、「外国出身力士は優秀で、しかも枠が限られているため」という回答になります。

ただ「外国人力士が強い」というイメージはあるかもしれませんが、実はそのイメージが崩れつつあります。

先ほど幕内に11名の外国出身力士がいると話しましたが、さらにトップを見ると白鵬と鶴竜は横綱ですが、２人とも30代半ばという大ベテランです。この下では元大関の照ノ富士が大関復帰を目指し活躍していますが、１９９１年生まれの29歳と中堅からベテランに差し掛かってきています。

幕内というのはサッカーで言うところのＪ１とＪ２が混在しているようなもので、優勝は幕内での勝ち星の多さを競って決めるのですが、上位16名＋数名でリーグ戦を行うような形になり、その他の力士達は自分の地位に近い力士と対戦することになります。ただし、終盤戦になると下位の力士の中で成績の優秀な者は上位との対戦が組まれます。

つまり、幕内は横綱・大関・関脇・小結・前頭《まえがしら》と地位が分かれていますが、前頭の中でも上位に定着している力士と下位の力士では力が大きく違うということです。少し話が長くなりましたが、２０２１年１月現在、外国出身力士の中で上位総当たりの地位にいる力士は白鵬・鶴竜・照ノ富士にベテランの栃ノ心と玉鷲を加えて５名。なお、この場所で栃ノ心と玉鷲は負け越しています。

ここからわかるのは、上位総当たりの番付にいる大多数のトップ力士が日本出身力士だということです。ですから、外国出身力士が上位を席巻《せっけん》していたのは実は過去の話なのです。

外国出身力士として上位に残っているのはベテランの白鵬・鶴竜、そして中堅の照ノ富士という構成です。つまり、20歳前後の外国出身力士の若手が今のところ、かつてほど上位で活躍していないのは重要なポイントだと思います。

外国出身力士の中で十両以上になれる者は相対的に多く、彼らは優秀なのですが、ピラミッドの頂点のレベルになると日本出身力士に分がある。しかもその傾向は続いていくことが予想されるわけです。

原因として考えられるのは、最近大相撲の世界に入ってくる外国出身力士はモンゴル人偏重の傾向がある点です。かつては高見山《たかみやま》や小錦、曙や武蔵丸《むさしまる》といったハワイ勢が一大勢力だった時代がありましたが、武蔵丸の甥《おい》っ子である武蔵国《むさしくに》が引退してからハワイ勢はゼロになりました。また、琴欧洲《ことおうしゅう》や把瑠都《ばると》といった名力士を輩出した東欧出身力士も今では激減し、現役では栃ノ心、碧山《あおいやま》、あとは三段目の舛東欧《ますとうおう》（２０２１年3月31日に引退）の３名のみで、しかも全員30代という状況。

そしてモンゴル勢ですが、横綱が４人誕生して以降は照ノ富士を除いて上位に定着できておらず、むしろこれらの力士が例外的に強かったという見方さえできるかもしれません。モンゴル国内でトップ中のトップの素材は、大相撲ではなくレスリングなどでオリンピックを目指す時代になってきているという話があります。日本国内で行われている中学生以下の相撲大会にモンゴル人選手が参加していますが、ここ数年は日本人選手が上位で勝利する傾向にあり、もしかすると日本人力士優位の傾向は今後も続くかもしれません。

もちろん、大相撲の世界で上位10%に入れる力士が今もなお多いという意味で外国出身力士、モンゴル出身力士が強いのは確かですが、強さの傾向が変化してきているのは見逃せないと思います。現在は朝青龍の甥である豊昇龍《ほうしょうりゅう》や、鶴竜と同部屋（陸奥《みちのく》部屋）の霧馬山《きりばやま》といった若手の逸材が幕内で着々と実力を付けてきているので、彼らがそうした傾向を打破する存在になるのか注目です。

ちなみに、ひとくちに外国出身力士と言っても、モンゴル人力士と東欧系力士、そしてハワイ出身力士では特徴が異なります。あくまでも全体的な傾向ではありますが、モンゴル人力士はスピードと敏捷性に優れていて、体が小さくても先手先手を取ってそのまま押し切るような取り口が多く、また体格に勝る力士に攻め込まれても隙を見つけて逆転する相撲が多く見られます。東欧系力士はアスリート的な能力と体格に優れていて、相撲は粗《あら》削りでも吊《つ》り出しなどの豪快な形で決着を付けることができます。ハワイ出身力士はパワーを前面に出した相撲が特徴で、小錦や横綱昇進前の曙のように、前に出る圧力の強さで勝負をする取り口が多く見られます。最近ではモンゴル人力士と日本出身力士はそんなに相撲のスタイルが変わらないのですが、先述の豊昇龍と霧馬山はかつての朝青龍や日馬富士《はるまふじ》を思わせるようなスピードと敏捷性、そしてスケールを兼ね備えています。

ここまで述べてきた傾向は確かにありますが、一人の力士が抜きん出た存在になり、勢力図を大きく塗り替えることもあります。今は日本出身力士が上位で数多く活躍していますが、かつてのような時代が復活する日が来るかもしれません。外国出身力士と日本出身力士という対戦構図で大相撲の質がさらに上がると良いですね。

Q3　力士って、単純に大きければ大きいほど有利なんですか？　様々なスポーツで近年、体を大きくするためのトレーニングが増えてきているようですが、相撲はいかがでしょうか。

大相撲でも上位力士の体重は増加傾向にあります。大相撲のトップである幕内力士の平均体重は２０１８年時点で１６４kgです。数字だけを見るとあまり想像が付かないでしょうけれど、50年前と比較すると平均体重が30kgも増えています。

昔の大相撲を観ていると、今とは力士の体格が大きく違うことを感じさせられます。輪島と貴ノ花の引き付けあいや北の富士のかばい手といった取組はちょうど50年ほど前ですが、細身の力士がスピーディーに動き回る展開は今の大相撲と質が異なることに気づかされます。かつて「怪童」「江川・ピーマン・北の湖」「憎らしいほど強い」と言われた大横綱の北の湖も40年前は巨漢力士とされていましたが、晩年は１７０kgで太り過ぎだと批判され、体重増を不振の原因として言及するメディアも少なくありませんでした。

昔は太り過ぎとさえ言われていた体重が今の平均ラインであることを考慮すると、体重を増やすことが現代の大相撲においていかに重要視されているかわかると思います。他の競技に平均体重のデータが残っているかはわかりませんが、50年の間に平均体重が30%近く増えている競技はおそらく大相撲くらいなので、この数字を見る限りは「大きいほうが有利」と言えるのではないかと思います。

なお、「太るのも一つの才能」という言葉があります。というのも、多くの人が１００kgを超える前に病気になることがあるのです。無理に食べたために内臓を壊すこともありますし、糖尿病になり体重が増えるどころか減ってしまうこともあります。それ以外にも、太れない体質の人もいます。言い換えると、ある程度太れる体質の者だけが力士として土俵に上がっているという理解になります。

余談ですが、力士は相撲のスタイルなどの関係から自身の適正体重を保っているという話を聞きます。「食べることも稽古のうち」ということで、力士が苦しみながら食事をする光景をテレビなどで見られた方も多いのではないかと思いますが、適正体重を維持するために食べる量をコントロールするケースもあります。また食べる量だけでなく、筋肉も付け過ぎるとスピードやしなやかさを殺してしまうことがあるようです。番付を駆け上がっていた遠《えん》藤《どう》が相手の立ち合いからの攻めを受け止め、前みつ（まわしを締めた時、体の前面で横になっている部分）を取って自分の形にするために体を大きくしていましたが、成績が上がらず元に戻したという事例もありました。

さて、大相撲はほかの格闘技とは異なり、階級制ではありません。大きな力士も小さな力士も同じ土俵で無差別に闘う競技です。また、足の裏以外が土俵につくか土俵の外に出たら負けという競技の性質上、押すか組むかが攻撃の大きな選択肢になります。体重のある力士が押せば威力が増しますし、体重のある力士が組めば相手の攻撃力を落とせる上に自分の攻撃力が増すわけですから、理屈で考えると体重があれば有利に闘うことができることに気づきます。

ただ、ここで一つ疑問が残ります。大きくなれば勝てるのに、なぜ皆大きくならないのか？　答えは単純で、大きくなってもスピードが殺されたらサイズが活かせないからです。考えてみると力士は太り過ぎると大抵成績が落ちますが、それはスピードが失われるからなんですよね。

幕下以下にも２００kgクラスの巨漢力士はいますが、共通しているのはそれほど動けない点です。大相撲は朝８時から、番付外の前相撲、序ノ口《じょのくち》、序二段と徐々に強い力士が登場しますが、面白いことにそれに比例してスピードとパワーが増していきます。一定レベルのスピードがなければついていけない地位があることが、体感的に理解できるようになります。

ということで、この辺りを数字で分析してみました。

先に述べた「一定レベルのスピードがないとついていけない」という点を証明するように、平均体重こそ１６４kgに増えているものの、極端に大きな力士は幕内には存在しないのです。

幕内力士で多いのは１４０超～１８０kgの間です。２０１９年７月の時点でこの体重の力士は幕内の中でも33名で、全体の78％という高い数字を記録しました。１４０超～１５０kgが４名、１５０超～１６０kgが10名、１６０超～１７０kgが８名、１７０超～１８０kgが11

名という内訳でした。

　当時巨漢力士と言えたのは２００kgオーバーの逸《いち》ノ《の》城《じょう》と魁聖《かいせい》、１９０kgを超える碧山と千代《ち よ》大龍《たいりゅう》、千代丸《ちよまる》の５名のみでした。かつての小錦のような２５０kgを超えるような力士は存在せず、１６４kgという平均体重は特定の力士ではなく全体の傾向として押し上げられた結果だとわかります。

　この時点で言えるのは、現在の幕内は基本的にはある程度体重がなければスピードとパワーを両立できないので、生き残っていくには厳しいということです。逆に、１４０kg程度あればそこまで不利ではないというデータも存在しています。

　体重比別の勝率を算出したところ、１・５倍までは重い側の勝率が約52％でした。しかし、これが１・５超～１・７倍になると重い側の勝率が55％にまで上昇するのです。およそ１４０kgある力士なら２１０kgまでは１・５倍の範囲に収まるので、数字上はそこまで不利になりません。

　逆に言えば、２２０kgある力士からすると１４０kg程度の力士には相性が良いのですが、相手が１５０kgまで上がってしまうと勝率的にはそこまで優位に立てないことになります。最低限の体重があることは、規格外の力士と闘うための条件を満たすことになると言い換えられるのではないでしょうか。

また面白いことに、白鵬・鶴竜は平均体重を下回っています。逆に貴景勝は１８０kgを超えて周囲を驚かせました。勝つためにはある程度の重さは必要ですが、それぞれのスタイルに応じて体重を減らしたり、逆に体重を増やしたりという工夫と努力が為《な》されているのが今の幕内なのです。

なお、体重が重いほうが有利だということを示す数字として２０１１年以降の全ての取組を平均化すると、勝者の体重は敗者の体重の１０４・３％という結果が出ています。これを見ると体重の重い方が有利ではありますが、１５０kgの力士が１５６kgの力士に敗れているという程度の話なので、体重が致命的な差を生んでいるわけではないのです。

さらに深掘りすると、この数字は序ノ口では１１０・０％、序二段は１０６・２％、三段目は１０３・９％、幕下は１０２・５％、十両が１０２・６％、幕内は１０１・３％という結果でした。つまり、下位であれば体重があるほうがより有利なのですが、上位になるとこの優位性はほぼなくなるということなのです。

そして、体重の観点で見た時に今の幕内が面白いのは、小兵力士が増えていることです。１００kgにも満たない炎鵬《えんほう》や１１０kg台の石浦《いしうら》、照強《てるつよし》、少し大きくなると翔猿《とびざる》や若隆景《わかたかかげ》といった新鋭力士が自分よりも大きな力士を翻弄《ほんろう》して館内を盛り上げています。

彼らの特徴は相手力士をよく研究し、常に先手を取って攻め続ける点です。スピードとパワーのある幕内力士達は前に出る圧力が強いので、多くの力士はある程度この当たりの強さに耐えられる体を作ったうえで、自分の攻めを展開するという発想で相撲を構築していきますが、小兵力士達は彼らが前に出てくる力をそれぞれの形で利用します。前に出てきたところをかわすか、潜るか、いなす。対戦回数が増えると相手力士は力を利用されないように小兵力士を見ていく展開になりますので、今度は出ていくと見せかけ、相手がたまらず出てきたところをかわす。

力士達が全体のトレンドとしてスピードとパワーを持ち込む中で、そうではない相撲で生き残る道を模索する者もいます。大きいほうが有利ではありますが、だからといって大きくなければ勝てないわけではないのが大相撲の面白いところです。小さい力士は対策をされると自分の相撲が取れなくなる傾向があり、まさに最近は炎鵬が苦戦を強いられていますが、様々なタイプの相撲でこれからも楽しませてほしいものです。

Q4　立ち合いで変化をして勝負が決まると観客が怒っていることがありますが、あれは一体なぜでしょうか？　ルール違反ではないと思うのですが……。

立ち合いの変化とは、立ち合いでまっすぐぶつかるのではなく相手の意表を突く形でかわすことによって、勝負をつけるないしは優位に相撲を進めるというものです。

相撲というのは珍しい競技で、互いの呼吸が合ったところで勝負が始まります。よく誤解されますが、行《ぎょう》司《じ》さんが「ハッキヨイ！」と声を上げるのは腕相撲で言うところの「レディー、ゴー！」に当たる立ち合いの合図ではありません。アマチュア相撲は審判（行司ではない）の合図で始めますが、大相撲は違います。プロとアマチュアではこの辺りが異なるので注意が必要です。

大相撲では、タイミングが合わなければ始めなくても良いのです。逆に言えば、立ち合いで変化をしたとしても双方の呼吸が合い勝負が始まっているため、片方が有利な体勢になってそのまま勝負が決まっても勝負は成立したことになります。ちなみに、このような形で勝負が始まる競技は世界中でも相撲のみと言われています。

相撲で決められている禁じ手は、握り拳（ナックル）で殴ること、頭髪（髷）をつかむこと、目やみぞおちなどの急所を突くこと、両耳を同時に両手で張ること、前袋《まえぶくろ》をつかむ・もしくは横から指を入れて引くこと、喉をつかむこと、胸・腹を蹴り上げること、手の一指・二指を折り返すことです。なお巡業や引退相撲などでは「初《しょ》っ切《き》り」と呼ばれる、これらをコミカルに紹介するコントのようなものがあります。ただ実際のところ、反則はほぼ髷をつかむという形でしか取られることはありません。

つまり、立ち合いで変化してもルール上は特に問題ないのです。となると気になるのは、「ルール上は問題ないのになぜ批判されるのか？」でしょう。

実際、変化がなぜ決まるのか。もし変化がルール上問題ないのであれば、戦略として変化を組み入れればいいじゃないか。そう考える方もいらっしゃるかと思いますが、そんなに単純なことではありません。変化というのは有効な状況や相手が限られているのです。

相撲は相手を土俵の外に出すか、倒すかで勝負が決まります。また最近は体重を増やして相手に圧力を掛けることがトレンドなので、立ち合いで優位に立つことがとても大事になります。つまり力士は基本的にできるだけ早く、強く相手にぶつかりたいと考えているのです。

立ち合いで強くぶつかる一つの方法として、できるだけ前傾姿勢になる型があります。これだと威力は増しますし、相手よりも早く当たることができる一方、リスクもあります。相手をよく見ずに立つことになるので、ぶつからないと体勢を崩してしまうのです。つまり、このような立ち合いは相手に見られてしまうと自滅するおそれがあるのです。

もちろん力士もこのようなリスクは重々承知していますから、通常はある程度リスクの低い型で立つことになります。ただ、相手力士との力関係や立ち合いの傾向、そして自身のコンディションを考慮し、リスクを冒してでも強く当たりたいと思った時にこのような立ち合いをすることになるわけです。なお、単に不注意で前傾の立ち合いになるケースが存在することも付け加えておきます。

変化が有効なのは、このように相手が前傾姿勢で立ち合いをしてきた時です。

ここまでのお話でおわかりかと思いますが、変化というのは食らう力士が悪いと言える側面があります。ですから、変化に屈した後の力士や解説者のコメントでも、変化を食らうような立ち合いをすることについて批判されることがあります。

変化については少し前の時代と比べると、受け止め方が随分と変わってきたように思います。そのため立ち合いの変化に対する批判のニュアンスよりも純粋な疑問や質問という形でたずねられる機会が多いです。特にこの点について質問されるのは、最近相撲ファンになられた方に多いように感じます。

　では、ルール上問題のない行為に対してなぜ批判が生じるのか。それは、変化を大相撲の美から離れていると感じる方が数多くいるからです。

　相撲以外のスポーツでも、勝つことや結果を出すだけでは批判の対象になる場合があります。例えばスペインのサッカークラブのＦＣバルセロナはパス回しで相手を圧倒することをチームの哲学としているので、２０２０年のチャンピオンズリーグ準決勝でドイツのバイエルン・ミュンヘンに2対8の大惨敗を喫した際にこの美学が議論の的になりました。他にも日本の野球界はランナーが出たらバントや盗塁で進塁させる、いわゆる「スモールベースボール」を好む傾向にあるため、重要な試合で出塁後にベンチが動かず無得点になると必ず采配を批判する声が上がります。スタイルを取るか、結果を取るかという議論はどこの世界でも起こることなのです。

　これと同じように、大相撲で好まれるのは「真っ向勝負」という言葉です。小細工《こさいく》をせず、力と力がぶつかり合う。そこで生まれる攻防に、多くの人々が熱狂してきたということもまた事実です。

大相撲の面白いところは常人離れした体格の力士がぶつかり合い、技を競い合うダイナミックさにあります。アマチュアでは階級制が採用されることもありますが、大相撲は体重制を導入せず、体をいくら大きくしても良いルールにしています。不平等ではありますが、平等ではないところに面白さを見出しているのは興味深いところです。大相撲の魅力たる豪快さは、制度設計の段階で作られたものだと言えるでしょう。

なお、大相撲の世界で階級制の導入が本格的に議論されたことはないと言って良いと思います。階級制を導入せずにあくまで無差別でというのは日本の武道の一つの特色ですが、オリンピック競技としての発展を目指した柔道がわかりやすさと不平等是正のため階級制の導入やルール改正、カラー柔道着の採用などの道を選んだのとは対照的に映ります。

そして相撲のもう一つの大きな特徴として、ルールのわかりやすさが挙げられます。土俵の外に出るか、足の裏以外が地面に付いたら負け。これだけです。例えば野球を知らない子供に野球を観せたとして、何をしているか全く理解できないでしょうけれど、相撲であれば初めて観てもどちらが勝ったかは一目瞭然です。豪快にわかりやすいことをしているからこそ、相撲は面白いということです。

話は戻りますが、立ち合いの変化は食らうほうが悪いという側面があることは確かです。ただ、相撲を観たことがある方ならわかるかと思いますが、変化で勝負が決まるのは本当に退屈なのです。期待していた大相撲の美がその取組から得られなかったことに対して、観ている人はいら立ちを覚えることになります。そして、変化で勝負が決まってしまったことへのいら立ちや怒りのやり場は、当事者である力士達に向けられます。今では食らった力士の至らなさこそが根本的な原因だという観方も浸透してきているので、昔ほど一方的ではありませんが、変化に対する批判は多くの場合、変化した力士に向けられるものです。

相手力士は正面から向かってきた。しかし、その力士は真っ向から受け止めず変化して避けてしまった。ぶつかり合って雄々《おお》しく闘い、相手を打ち負かすのではなく、避ければ勝てるからと言って安易に目先の勝利を求めたという観方をされることもあるのです。

強い力士であれば、相手がどんな立ち合いをしようともそれを上回ることができる。仮にその取組で勝てなかったとしても、それを糧《かて》として相手を上回るように成長すればいい。つまり、立ち合いに変化することで勝つような力士は弱い力士だという考え方もあります。ですから、現役であれば貴景勝のように変化を絶対にしない方針の力士も多く存在しています。そして、そういう力士の持つ向上心がさらに自らを強くしていることも事実です。

ただし、相撲の戦略の一つとして変化が頭にあると、相手は選択肢として変化を入れなければならなくなります。変化を考慮した立ち合いをしなければならないので、思い切って当たるのではなく、変化されてもある程度残せるような威力にとどめておく必要があります。炎鵬のような小兵力士であれば、変化もあれば立ち合いで相手の懐に潜るという選択肢もありえます。むしろ炎鵬は立ち合いでまっすぐ当たるほうが意外と言えるかもしれません。

大相撲の美を体現する力士に、人は惹かれます。だからこそ変化されて敗れるほうが悪いことを理解しながらも、変化するマインドを持つ力士を責めてしまうのです。

Q５　最近では体重が１００kg前後の小兵力士も何人か見られます。大型化が進んでいる中でユニークに映りますが、昔と今で小兵力士のスタイルに違いはあるのでしょうか？

一口に小兵力士と言ってもスタイルは様々です。現役力士で言えば宇良《うら》はレスリングがベースで低い姿勢から常に相手の下半身を狙い、時には反り技も選択肢に入れながら攻めるスタイルですし、照強は日馬富士のようにスピードを活かしてアグレッシブにぶつかっていくのが持ち味です。炎鵬は相手をよく見て前に出てくる動きをかわしながら崩していくのが得意な力士です。ですから、時代ごとにスタイル面でのトレンドを探るのは難しいと言えます。

昔から、相撲以外の種目にルーツのある力士は存在していましたし、柔道やモンゴル相撲に背景があり、相撲の中にその特徴がよく見られることはありました。ただ、今ではなぜか他の競技の要素が薄まっている傾向にあります。例えば柔道経験者の旭大星《きょくたいせい》は幕下時代までは足技をよく使っていましたが、さらに上を目指すにあたって足技をほとんど出さなくなりました。相撲の世界で大成するために別競技の要素を捨てるという選択もあるのかもしれません。そのため、宇良のように自身のバックボーンを全面的に出す相撲は珍しく映ります。

時代ごとの代表的な力士を見ると、小兵力士がどのようにして大きな力士に向き合っていったかが見えてくると思います。

まず1970年代の代表的な小兵力士と言えば、先代の貴ノ花（元貴乃花親方の父）が思い浮かびます。土俵の鬼と称された初代若乃花の弟で、端整なマスクから「角界のプリンス」という異名で親しまれた人気力士でした。

有名な話ですが貴ノ花はアスリート的な能力に優れ、中学時代に水泳でメキシコオリンピックの候補に名を連《つら》ねるほどその名を知られた存在でした。稀勢の里が中学時代に高校野球の名門である常総学院から誘われた話も有名ですが、オリンピックとなるとスケールが違います。もし今、オリンピック候補選手が相撲部屋に入ったとしたら大きな騒ぎになるでしょう。もちろん兄である若乃花の影響もあるのでしょうが、オリンピックよりも大相撲を選ばせるような時代でもあったことは特筆すべきことではないかと思います。当時は貴ノ花のような際立ったアスリートタイプの若者が大相撲の門を叩いていて、スポーツの中でも大相撲は花形と言える存在でした。

貴ノ花の特徴は「真っ向勝負」と言えるでしょう。最近の映像でもライバルの輪島との名勝負は頻繁に出てきますが、１００kgを少し超える小兵でありながら輪島に対してがっぷり四つで挑むのです。今の小兵力士にこのような取り口はまず無理と言って良いと思います。もちろん当時の力士が今ほど大型化してはいないという事情もありますが、小兵でも大きな相撲を取ることが選択肢としてありえたのは注目すべきことだと思います。

また、土俵際の「うっちゃり」もまた貴ノ花を彩る一つの特徴です。大きな力士に攻め込まれても驚異的な粘りで逆転する。大柄な力士を相手にしても攻めを凌《しの》ぐだけの下半身の粘りがある。かわすのではなく受け止めて逆転する。今の大相撲で同じことをしたのでは、おそらく壊れてしまうことでしょう。しかし１９７０年代はそういう相撲を実現するだけのアスリート的な能力を持つ力士がいて、そして相手力士のサイズも勝負になるレベルだったと言えるのではないでしょうか。

　さて、１９７０年代を代表する小兵が貴ノ花であれば、１９８０年代を代表するのは千代の富士と言えるでしょう。千代の富士も貴ノ花同様にアスリート的な能力に優れており、中学生時代に走《はし》り高跳《たかと》びと三段跳びの地方大会で優勝した経験を持ちます。比較的大きな体で争う水泳ならまだしも、陸上の跳躍種目を得意としている選手が大相撲を選択するのも今となってはかなり信じ難《がた》い話ですが、「千代の山」と「北の富士」を合わせた四股名《しこな》を命名されるところからも逸材だったことがわかります。

　貴ノ花との共通点はもう一つあります。それは、千代の富士もまた真っ向勝負を挑む力士だったということです。ただ時代的に大型化が進行していたせいか、それとも千代の富士の肉体的な素養からか、真っ向勝負を挑む千代の富士は若手時代に怪我を繰り返していました。大きな相撲を取る千代の富士は肩に脱臼癖《だっきゅうぐせ》ができてしまったのです。

　本来であればここでスタイルの見直しを図るところですが、千代の富士が見直したのはトレーニングでした。肩の周辺を重点的にウエイトトレーニングすることによって筋肉の鎧《よろい》を身にまとって脱臼癖を克服し、持ち前のスピードで先手を取り、「ウルフスペシャル」と呼ばれる上手投げで豪快に投げ飛ばす大変魅力的な相撲で横綱にまで上り詰めました。

ここで大事なのは、千代の富士がアスリート的な能力に優れていた点と、真っ向勝負には限界があった点、そしてトレーニング技術の進歩によりその壁を克服できた点です。言い換えるとまだこの時代でも、小兵が大柄なトップ力士と真正面からやりあっても能力と努力次第でそれを上回ることができたわけです。それだけ傑出した存在が大相撲にはいて、そして対戦相手も小兵と力勝負をすることができるくらいのサイズ感で、小兵力士でも力勝負を挑める技術革新があった。３つの要素が重なり合ったからこそ、千代の富士は小兵でありながら31回もの優勝を達成することができたのだと思います。

ここまでの小兵は大柄な力士に勝つために正統派の相撲を突き詰めていますが、90年代に入ると傾向が変わります。この時代の代表的な小兵力士は、三代目若乃花こと花田虎上《まさる》さんです。もはや紹介不要ですが、三代目若乃花は先ほどの貴ノ花の長男であり、初代若乃花の甥《おい》であり、そして「平成の大横綱」こと貴乃花の兄でもあります。生まれ持ってのアスリート的な能力の高さは折り紙付きで、引退後にアメリカンフットボールのＮＦＬ入りを本格的に目指したことからも、その能力の高さをうかがい知ることができます。

弟の貴乃花は大横綱の系譜を継ぐ横綱相撲で、相手の攻めを受け止めて自らの形を作り、動きを封じて勝つスタイルでした。また、70年代の貴ノ花や80年代の千代の富士が大きな力士に真っ向から挑む取り口で人気を博したのは先に説明した通りですが、三代目若乃花は異なる道をたどることになります。

若乃花は技巧派力士になっていったのです。

当時最大のライバルの曙と武蔵丸が２００kgを超える巨漢だったこともあり、幕内全体の平均体重はこの時代からまた上昇することになります。弟の貴乃花も彼らに挑むために体重を増やし、その結果肝機能障害を患《わずら》ってしまいます。しかし、攻めを受け止めるスタイルであるためにどうしても一定の体重が必要な事情がありました。

一方、若乃花は立ち合いの駆け引きや相手力士の傾向分析といった部分にも、勝つための活路を見出しました。いわゆる王道の横綱相撲ではありませんが、パワー偏重とも言える時代に緻密《ちみつ》な相撲を突き詰めたことにより異色の横綱像を築いたと言えると思います。

ただ若乃花のこうした遷移を見ると、小兵力士が真っ向勝負を挑むのが難しい時代に入ってきたと言えるでしょう。アスリート的な能力やトレーニングで能力をさらに引き上げることによって闘うだけでは追いつかないくらい、力士と相撲の質が変わってしまったのです。三代目若乃花はそういう時代の変化を知り、適切に活路を見出したのではないでしょうか。

その後２０００年代からは、小兵力士受難の時代です。１００kg前後の力士ではもはや勝負にならないほど、力士の大型化とスピード化が進行します。また、貴ノ花や千代の富士のような傑出したアスリート型の若者が大相撲に入門しないので、元々子供のころから相撲を経験してきた者が中心となります。また、上位を外国出身力士が席巻し始めます。彼らは優れた運動能力を持つだけでなく、体格的にも大型力士を相手にできるので、フィジカルで劣ることもありませんでした。

能力と体格を兼ね備えた外国出身力士という大きな壁が立ちはだかる中で、体格が劣っているというビハインドを背負いながら正面から勝負をする選択肢は取りづらくなります。誰もが大型化を目指し、また体重を増やせない力士は上位に進出できない状況が続くことになりました。

そんな時代に変化が見られたのは、２０１０年代後半です。幕内の平均体重が１６０kgを超え大型化がさらに進む中、力士達が「立ち合いでいかに強く当たるか」を今まで以上に突き詰めるようになりました。実はそこに、小兵が付け入るチャンスが出てきたのです。タイミングを外したり、変化をしたり、下から潜るという小兵ならではの戦略が大型力士達にとって脅威となっていきました。強く当たろうとすればするほど、隙が生まれやすくなります。体のサイズよりもスピードを磨くことによって相手の攻めを無力化し、相手はその体格ゆえに自滅するという取組も出てきます。大型化が進んだことで小兵に付け入る隙を与えたのは何とも皮肉な気もしますが、それへの対策も徐々に生まれてきています。

果たしてこれからも大型化は進行するのか。そして、それに対して小兵はどのような進化を遂げるのか。歴史的な経緯を踏まえながら今後を考えると面白いかもしれませんね。

Q６　身体能力が優れているわけではなく、駆け引きやメンタルを駆使して勝つようなタイプの力士はいるのでしょうか？

まず前提として、相撲とはたとえシンプルな突き押し相撲でも四つ相撲（腕を差し込む形）でも技術や駆け引きが必要な競技です。

例えば、野球のオフシーズンになるとよくメジャーリーガーが日本でのプロモーションの折に相撲部屋に一日体験入門するというニュースが流れます。彼らの身体能力はプロスポーツ界でも随一のもので、また体格的にも力士にそこまでヒケを取るものでもないのですが、そんなスポーツエリートの彼らでも、幕下力士が相手になるとまるで歯が立ちません。三段目以下の力士との対戦だと何とかなることもあるのですが、幕下以上というのは明確に一般人では倒せない壁があるように見受けられます。

シーズンオフに日本に来るほどのメジャーリーガーであれば、ＭＬＢの中で頂点とも言える存在ではありますが、それでも力士とは明確に差がある。体の使い方ができていない点を差し引いても、攻めるにしても守るにしても技術がなければ大相撲では出世ができないことがよくわかります。似たような例を挙げると、外国人力士が大相撲に入門した際、最初は番付を駆け上がることができるのですが、相撲の技術が身に付かないままだと幕下辺りで頭打ちになります。どんなに素材が優れていても、相撲で勝つための何かが必要になるのです。

考えてみると、このような素材型、アスリートタイプの力士は最近ではかなり減ってきたように思います。下位の取組を見ていても、ある程度相撲の形ができている力士が順調に出世する傾向にあるかと思います。中学時代にスポーツエリートだった相撲未経験者が駆け上がっていく時代ではないのかもしれません。このようなタイプが粗削りな状態で上位に進出してくると、力士の進化の過程を共有できるので面白いのですが。

さて、一見技術とは対極にあるように見える突き押し相撲についても、実は駆け引きも含め技術が必要であることを話したいと思います。

相撲は体重とスピードの掛け算というだけの競技だと思われがちですが、１３０kgクラスの細身の力士が２００kg近い力士に当たり勝つこともあります。同じタイミングでそれぞれの最高速度で衝突するわけではないので、相手の圧力を下げて自分の圧力を最大化するような形を模索することになります。基本的には「下から速い出足で」が強調されますし、それが他の力士よりも優れていれば有利になります。

そもそも、この基本原則をどう忠実に遂行するかという点についても、筋力と瞬発力を立ち合いに結び付ける技術がなければ高いレベルで実現できません。事実、身体能力が優れているのに技術に欠けるためにいつまで経っても立ち合いで当たり負けてしまい、期待値ほど勝てていない力士もごまんといます。皆さんの中でも、様々な力士の顔が浮かんでいると想像しますが……。

そのため、幕内では優勝以外にも殊勲《しゅくん》賞、敢闘《かんとう》賞、そして技能賞と呼ばれる三賞がありますが、突き押し一本の力士が技能賞を獲ることもあります。技能賞と聞くと、様々な技術と駆け引きで勝つテクニシャンのような力士が獲るものと考えている人も多くいらっしゃると思いますが、突き押し相撲の大栄翔《だいえいしょう》や碧山が獲ったこともありますし、貴景勝が2場所連続で受賞したこともありました。野球が好きな方は、突き押しが得意な力士は速球派投手のようなイメージで、様々なスタイルで相撲が取れ、技術と駆け引き中心で勝つタイプの力士のことを軟投派の変化球投手のようなイメージを持つために後者を技巧派と思われるかもしれませんが、実は「球種」の少ないタイプの力士にも突き詰めた技術があり、そちらがむしろ評価されているという事実があるのです。

このように、大相撲は技術と駆け引きで生きていくというよりは一つの技術を磨くことも大きく評価される世界ですし、事実結果が残せる面もあります。その一方、技術の中にはどうしても嫌われるものも存在しています。例えば、突き押しで言うところの引き技です。引きで勝つとどうしても「なぜ引くのか」「楽をして勝ちたいのか」と言われがちです。強く圧力を掛け続ければ確かに押し込めますが、毎回それができるわけではありません。また、相手力士によっては押しに耐えるだけの能力を持つ場合もあります。ですから強く押した後に相手の出方次第で引くということも選択肢に入っていれば、相手はそれを警戒せざるを得ないわけです。すると迷いが生じるので、こちらの圧力がさらに活きることになります。ただ、引き技が選択肢に入ると悪いタイミングで引きが出てしまい、自滅することもあります。また、気持ちの弱さから引きを選択すると大抵失敗してしまいます。戦略として効果的な側面がある一方で、有効活用できなければ自滅してしまうおそれもあるものなのです。

他にもこのような技術はあります。立ち合いの変化や張り差しなどもここに含まれるでしょう。成功すれば相手を出し抜くことができるとても有用なものではありますが、失敗すると致命傷にもなりかねないリスクがあります。ゆえに、指導する側としてはオーソドックスな四つ相撲や突き押し相撲の精度を高めるように言い聞かせる傾向にあるのです。

こうした選択肢を取る力士は嫌われる傾向にはありますが、勝つための選択肢としてそれほど批判されない力士もいます。それは、小兵力士です。

彼らが思い切った動きを見せることについては特に何も言われません。むしろ、大胆な動きで自分よりも大きな力士をかく乱すると場内は盛り上がります。こうなると気持ちの面での障壁もないので、逃げの気持ちで中途半端に出すのではなく、思い切り出してくるので相手も対応しづらくなります。仮に失敗しても小兵が勝つために取った戦術が裏目に出ただけという受け止め方をされるので、特に失うものもありません。

こうして大胆な動きが選択肢として幾《いく》つか存在するとなると、出す出さないは別にして立ち合いの時に仕草などで匂わせるだけでも効果が表れます。例えば、立ち合いで呼吸が合わずに先につっかけるだけでも「これは変化の前触れではないか？」と思わせることができます。相手は変化を警戒しなければならない上に、普通の立ち合いに対しても準備しなくてはならない。全てが中途半端になったところにこちらは素早い立ち合いで何もさせずに持っていく。そんな相撲も可能になります。こういう相撲を小兵はよく取るのです。

そして、このような小兵の取る戦略をそのまま遂行する横綱が現れました。それが、白鵬です。

白鵬は大横綱としてのキャリアを歩みながら、30代を目前にした頃から立ち合いに張り差しやカチ上げを多用するようになりました。横綱らしくないということで批判する人や、普通の取り口で勝てるのだからそれを貫くべきだという意見の人もいました。そんな声が数多くあったことも事実です。

ただ、選択肢の多い白鵬は強いのです。張り差しやカチ上げをほとんど失敗しないので、相手の出足を止めることができます。警戒している力士に対してはそれを見透かしてウサイン・ボルト並みの出足で素早く決着を付けます。絶対的な力を持つ力士が選択肢を数多く持ち、それを駆け引きに利用するとどうなるか？　ということに精力的に取り組み、なおかつ結果を残した。賛否はありますが、間違いなく相撲について戦略的な面で新たな扉を開いた力士と言えるのではないかと思います。

まとめると、そもそも大相撲においてはどんな取り口でも技術が必要です。技巧の多さではなく一つの技術を突き詰めることで評価される傾向が非常に強く、技術と駆け引きは場合によっては批判を受ける可能性が高いものも存在します。それらを戦略の中に取り込むタイプの多くは小兵力士ですが、最近では白鵬が大胆に採用することでその可能性が広く知られる結果となった、ということです。

技術と駆け引きの負の側面から力士も使うことをためらい、見る側も教える側も控えさせる部分が少なからずあるのですが、古くから継承されてきたものでもあります。白鵬ほど大胆に、そして効果的に活用する力士がこれから現れるかどうかはわかりませんが、小兵だけが使うものにしておくのは惜しい部分もあるのではないでしょうか。

Q7　野球では一昔前に松井秀喜選手が阪神の遠山選手を大の苦手としていた時期があったなんて例がありますが、大相撲でもこうした「相性」のようなものは存在するのでしょうか？

横綱や大関になるような力士は、安定してある一定の成績を残すことができます。長所で相手を上回ったり、技術で相手の良さを消したり、それぞれの力士が勝つ確率を上げるための何かを持っています。勝つ確率が高いという事実に対して私達は強いと認識するのだと思います。

ただ、この勝つ確率が高いと認識されている力士が、本来勝てるのではないかとこちらが予想しているような実績、実力の力士に敗れたり苦戦したりする姿を見て「相性が悪い」と判断するのではないでしょうか。

さて、相撲における「相性」は存在します。

例えば横綱の鶴竜を例に取ってみます。大関や横綱に対して分が悪いとすればそれは相性ではなく単に実力が拮抗している結果と言えるので、最高位が関脇以下の力士に限定してみると、次のような力士が苦手な部類でしょう。

安美錦《あみにしき》：17勝15敗
玉鷲《たまわし》：10勝6敗
栃煌山《とちおうざん》：24勝21敗
豊真将《ほうましょう》：12勝9敗

横綱昇進後の勝率が7割近い鶴竜ですが、下位の力士を相手にこの成績です。安美錦や栃煌山に対してはほぼ五分と言っても良いので、特にファンの方からするといつも敗れているような感覚になるのではないでしょうか。比較的上位で闘うことの多い力士の中に4人もこのような存在がいるのは優勝するうえでもかなりの障壁になるのではないかと思います。玉鷲以外の3人が既に引退しているのは救いと言えるでしょうが、一方で新たな苦手力士として北勝富士《ほくとふじ》（5勝4敗）、御嶽海（8勝6敗）が浮上しています。

鶴竜の例からも、横綱や大関のような成績にブレの少ない力士でさえ、調べてみれば相性の悪い力士がある程度存在していると言えるでしょう。苦手が少なく、多くの力士に対して強さを見せられる力士が上位に君臨する一方で、強さを発揮しづらい力士に対してどう向き合うか？　ということが好成績を挙げるうえで重要になるのではないでしょうか。

ところで、なぜこのように上位の力士でさえ「相性」の壁にぶつかってしまうのか。稀勢の里を例に取ってみたいと思います。

稀勢の里にも苦手な力士が何人かいました。ファンの方であれば様々な力士の顔が浮かぶかと思いますが、おそらく多くの方が思い出しているのが碧山ではないかと推測します。綱取りの懸《か》かった序盤や優勝争いの期待が高まった場所で、とにかくよく落としていた記憶がありますからね。

稀勢の里が碧山と対戦すると大抵、立ち合いから押し込まれて敗れるという流れが思い浮かびます。稀勢の里のスタイルを考えると立ち合いで素早く踏み込み、左でおっつけてそのまま押し切るか、突き押しをかいくぐって左下手を取り、捕まえて寄り切るというプランになるのですが、どうにも碧山の突きをまともに受けてしまう傾向があります。

碧山はリーチが長く、突きに威力があります。そして、稀勢の里の悪い点として腰が高い点が挙げられます。立ち合いで先手を取れないと突き押しを受けてしまい、反撃が難しい形になります。下半身をいくら鍛えても、腰の高い状態になると踏ん張ることができません。ましてや押し込んでくるのは勢いづいている碧山です。つまり、稀勢の里は立ち合いで碧山の攻めを受ける形になると大変危険と言えます。

　であれば、稀勢の里の立場からするとどうすれば良いか。立ち合いで碧山のペースにならないように、自分の攻めを碧山に受けさせる流れにすれば良いですし、当然それを狙うことになります。ただ、碧山は稀勢の里の相撲の構造上、自分の相撲を苦手としていることを知っているので、立ち合いから全力で突き放しに来るわけです。そもそもなぜここまで碧山が強気に立ち合いで勝てるかと言えば、稀勢の里の立ち合いに変化がないのを知っているからです。他の力士が相手の時は変化をされることも想定した強度の立ち合いになりますが、稀勢の里にはそれがないので威力ある突き押しで攻めることができます。このように、稀勢の里のスタイルと碧山のスタイル、そして互いの心理を考えるとどうしても碧山に有利な形になってしまうのです。

　ただ、それなら碧山の威力ある突き押しは他の上位力士にも有効ではないか？　という話になりますが、そうは上手くいかないのが相撲の難しいところです。例えば、碧山は白鵬が相手だと突き押しがそれほど有効に作用しません。白鵬は稀勢の里よりも立ち合いが素早く、体勢が低いので、碧山の攻めをまともに受けません。そのため碧山が白鵬を攻める構図にはならないのです。相手の相撲のスタイルと特徴次第で、ある力士に有効な手が通用しないということが頻繁に起きます。

相性とは難しいもので、一度相性が悪いというレッテルを貼られると周囲が騒ぎますし、上位の力士になれば相性の悪さを報じられてしまいます。すると、それほど考えていなくても苦手だと意識するようになります。この悪い意味での刷り込みが、相撲にも悪影響を及ぼすことがあります。

苦手な力士に対しては必要以上に意識した結果、立ち合いが低すぎて自滅したり、優勢に進めていても逆転を警戒して一瞬攻めが遅れてしまい反撃を許したり、精神的な部分が相撲に出てしまうことが多々あります。前述の稀勢の里のように、苦手力士が相手だと瞬《まばた》きが増えるなど見た目にも分かる変化が出てしまう力士すら存在するほどです。

少し話は逸れますが、野球選手によって得意な球場と苦手な球場があるように、相撲でも得意な場所というものがあります。大相撲は東京、大阪、名古屋、福岡で開催されますが、力士の出身地に近い場所になると歓声が大きくなります。コロナ禍以前の話ですが、最近では力士の名前を集団でコールしたり手拍子が発生したりと、会場全体がある一方の力士を応援するムードになることがあります。このような状況下だと、応援される力士が勝利することが多いのです。

ある力士の出身地に近い場所のことを「ご当地場所」と言いますが、ご当地場所はこのように15日間をホームの雰囲気で闘えるので、地元力士にとって力になる側面があります。また、人気力士にもなるとご当地場所でなくても多くの声援があがるので、相手力士としては非常にやりにくいと言えるかと思います。人気があるとそれだけで有利になるのです。

ただ、声援が逆にプレッシャーになるタイプの力士もいれば、相手に対する声援を反骨心に変えて強くなるタイプの力士もいます。これはあまり良くないことですが、白鵬が登場すると相手力士を応援する声が多くなります。それは白鵬が強いために判官贔屓《ほうがんびいき》の観点から来るものですが、相手力士の声援の声が多いと白鵬の取組は厳しいものになりますし、ラフな取り口になる時もあります。応援したい力士に声援を送ったつもりが、実はパワーアップしたのは白鵬のほうだったという実に皮肉な結果になってしまうのです。

ということで、力士によって相性は存在し、それを知ったうえで取組を見ると面白さが増すと思います。相性の悪さを克服した力士が昇進する様子を見るのも面白いですし、何が課題でどう克服するのかという構造的な面に目を向けるのも興味深いです。解説者によっては相性の悪さについて言及し、理由や対策について語ってくれることもあります。自分で調べて分析するのも、第三者の説明に耳を傾けるのも、どちらも大相撲を観る目をさらに養う効果があるので、一度試してみてはいかがでしょうか。

Q8　歴代最強の力士って誰なんでしょうか？　今は白鵬が強いですが、対抗できる力士はいないのでしょうか。また、人気のあった昔の力士のほうがポテンシャルとしては上、なんてこともあるんでしょうか。

スポーツ界全般の話として技術的にもトレーニングの面でも戦略面でも日々進歩しており、10年前の常識が非常識になっているなんてこともよくあります。

相撲もご多分に漏れず、例えばかつては決まり手の中で上位に位置していた「吊り出し」は現在、年間を通じてほぼ見ることはありません。このような技は他にもいくつかあります。これは、かつては有効だった戦術が時と場合と相手を選ぶようになってきており、今では使うことがなかなか難しくなったことを意味しています。

同じ技術とトレーニングと戦術を等しく全ての時代の力士が体験できれば結果はわかりませんが、現実を考えると有利なのは２０２１年現在に近い年代で現役生活を送ってきた力士ではないでしょうか。

そして、それらの要素を兼ね備えている上に史上最多の幕内優勝を果たしている白鵬は当然、史上最強力士として考えて良いと思います。仮に、過去に白鵬レベルの圧倒的な戦績を残している力士がいれば前述の要素との比較をすることになりますが、実績においても圧倒しているとなると、他の力士を最強だと主張する要素はかなり少なくなります。数字を切り口にすると、この議論は白鵬が最強であることを覆すのが難しい。それほど際立っているのです。

１９５８年に年６場所制になって以降、記録という観点で白鵬を超える力士は皆無です。優勝回数も、通算勝利数も、幕内勝利数も横綱としての勝利数も歴代１位です。年間86勝（４敗）の記録もあり、これは１場所平均で１敗以下、すなわち一度も負けない可能性もあるという驚異的な数字です。連勝記録も63と双葉山にこそ及びませんでしたが、10カ月近く負けなかったことを意味します。

これに対する異議として、今の力士のレベルが低いために、白鵬自身は傑出しているが低レベルな環境で達成された記録だという意見が考えられます。確かに昔は大相撲が人気スポーツで、「若ノ花物語　土俵の鬼」が映画館で上映されたことさえありました。現代のほうがあらゆる面で進歩しているとはいえ、スポーツエリートが大相撲の門を叩いていた時代の大横綱のほうが強いのではないか？　と主張される方もいるのではないかと思います。

ただ、これには反論が可能です。スポーツエリートの入門がない代わりに、今は素質ある外国出身力士が入門してくる時代です。昔は代表的なところでは高見山くらいしか外国出身力士がいませんでしたが、２０２１年１月現在で26名もの外国出身力士がいます。彼らの能力が高く、大相撲を席巻されるリスクを考慮して外国出身力士の枠が相撲部屋にできたという見方があるほどです（Ｑ２参照）。そんな彼らが最先端の相撲環境で闘っているとすれば、資質による差は埋められないというのが個人的な見解です。

時代的な背景を考えると、白鵬と同時代を生きた力士はある意味で不運だったと思います。一度くらい優勝できた可能性のある力士がいたかもしれませんが、怪我をしない上に調子の波がない白鵬と全盛期が重なってしまうと、白鵬に勝たない限り優勝の目がないのです。つまり、同じ時代に強い力士がいると際立った成績を残しにくくなってしまうわけです。

その観点で考えると、強いライバル力士がいた場合は優勝回数が減少するため、記録上のランキングは低いものの実はもっと成績が伸びた可能性がある力士もいると言えます。年6場所制以降に時代を牽引した名横綱たちの優勝回数と、そのライバルの優勝回数を振り返ってみましょう。

四股名《しこな》	回数	ライバル
白鵬	44	朝青龍（25回）　日馬富士（9回）　鶴竜（6回）
大鵬	32	柏戸（5回）　栃ノ海（3回）　佐田の山（6回）
千代の富士	31	隆の里（4回）　北勝海（8回）　旭富士（4回）
朝青龍	25	魁皇（5回）　千代大海（3回）　白鵬（44回）
北の湖	24	輪島（14回）　若乃花（4回）
貴乃花	22	武蔵丸（12回）　曙（11回）
北の富士	10	玉の海（6回）

これを見るとわかるのが強力なライバルがいるケースと、名横綱が圧倒的な強さを見せつけたケースに大別されるということです。後者については大鵬が代表格ですが、朝青龍と東西の横綱を分け合っていた期間が短く、朝青龍が引退してからはひたすら勝ち続けている白鵬や、対戦のない同部屋の北勝海以外には苦手としていた隆の里くらいしか対抗できなかった千代の富士もそれに該当します。

そう考えると、優勝回数の多い上位４人の力士はいずれも時代の中で傑出した存在であることがわかります。白鵬の44回という優勝回数で感覚がマヒしているところはありますが、朝青龍の25回でも凄い記録です。４年間毎場所優勝を続けて初めて達成できる記録ですし、仮に２場所に１回の優勝であっても８年掛かります。２場所に１回であっても常に優勝争いの中心にいる感覚なので、時代の中では相当に強い印象と言えるでしょう。

そんな中で、強力なライバルがいながら優勝回数で上位にランクインしている２人の横綱は明確に強いと言えるのではないかと思います。北の湖と貴乃花です。

私は１９８０年生まれで千代の富士全盛期から大相撲を観ているので、残念ながら北の湖の現役時代は一度も観たことがありません。ただ強烈に覚えているのが、私が幼い頃に親世代が北の湖の強さを語っていたことです。

今にしてみるとおやっと思うのが、北の湖は晩年かなり休場が増えていて、成績も上がっていなかったということです。引退直後は普通、晩年の記憶が強いので全盛期の印象で語られにくく、少し時間が経過してからその強さが再評価されるのが自然なのですが、北の湖はそれに該当しなかったのです。

そしてもう一つ今にして思うと意外なのが、大人になってから強さが美化されているのは大抵、子供の頃に目撃した力士だということです。私は何度か「最強の力士は誰か」というアンケートを取ったことがあるのですが、30代であれば貴乃花、20代であれば朝青龍という回答が多い印象でした。つまり、私の親世代であれば栃若（栃錦《とちにしき》と初代若乃花）や大鵬のほうが印象深いはずなのです。

大人になってから目撃した力士でかつ長い晩年を目の当たりにしながら強さの記憶が薄れなかったというのは、北の湖の凄さを物語っているのではないでしょうか。何しろ「憎らしいほど強い」と語り継がれる力士など、似たエピソードがあるのは他に白鵬しかいません。ライバルだった輪島も含めてもっと評価されるべき力士ではないかと思います。

余談ですが、北の湖のライバルだった輪島をアマチュア時代に子供扱いし、一説には「自信をなくしてしまうから」という理由でわざと負けることもあったという逸話が残されている一人の力士がいました。その力士の名は、田中英寿《ひでとし》。アマチュア相撲史上最強という声もあるほどの実力者です。彼が大相撲の世界に入っていたら、北の湖の時代はあったのか。これも興味深い話です。

貴乃花については、伝説と逸話に彩られた力士です。

90年代の若貴フィーバーを振り返ってみると、あれは大相撲人気ではなく若乃花と貴乃花を含む個人の力士によって作られたものだったと思います。そして、それを支えたのは彼らが番付を駆け上がる様を追体験するという物語であり、足りない部分がある彼らを応援したいという気持ちでしょう。それこそが大相撲の視聴率を上げた要因ではないかと思います。ただ貴乃花はアイドル力士でありながら、圧倒的な実力を身に付けることによって第一人者へと成長しました。後で考えると皮肉なことですが、横綱になって以降の貴乃花は強過ぎたので、若貴フィーバーは良くも悪くも沈静化し、会場の連続満員御礼記録がストップしたのも貴乃花が横綱になってからでした。

強さを求めてファンがついてきていたのに、強くなりすぎてしまったがために人々の興味が薄らぐようになった。そんな力士は貴乃花くらいではないでしょうか。自らブームを作り、自身の成長によって発展的にブームが終焉を迎える。横綱昇進後も曙と武蔵丸というライバルがいたにもかかわらず、アイドル的な手に汗握る想いを抱かせなかったわけです。考えてみると横綱時代の貴乃花をアイドル時代のように皆が応援で後押ししたのは、優勝決定戦で武蔵丸に勝利した、歴史的なあの取組くらいだったのではないでしょうか。

ということで、最強力士の議論については白鵬が圧倒的に有利ではありますが、時代的に強力なライバルがいた力士は数字以上に評価されるべきであり、私個人としては北の湖と貴乃花を推していきたいと思っています。

最後になりますが、テレビの解説でおなじみの北の富士さんは今でこそ好々爺《こうこうや》ではありますが、優勝経験10回を持つ、時代を代表する力士でした。大鵬と輪島・北の湖という大横綱の時代に挟まれているために第一人者として君臨した期間は短いですが、玉の海と共に大相撲を背負い、奮闘していた名横綱だったことは付け加えておきたいと思います。

ただ玉の海の急逝《きゅうせい》という不幸に見舞われてからは本来の実力を発揮できず、次第に次世代の力士が頭角を現し、現役を退《しりぞ》きました。私の母は現役時代の北の富士ファンで、当時は女性人気の非常に高い力士だったと語っていました。

Q９　白鵬がこれほど長い間、これほど強い理由を詳しく知りたいです。いくらなんでも強すぎませんか？

白鵬は２００７年から14年間横綱に君臨しています。短命横綱であれば１年程度で引退することもあるのに44回も優勝を重ね、35歳になっても万全の状態であれば付け入る隙がありません。これほど強いのは一体なぜなのでしょうか？

これだけ強い期間が長いと、白鵬の対戦相手にインタビューしたり、科学的に検証したりと、その強さに迫る特集が何度か組まれています。判明しているだけの情報を組み合わせると、テレビで観ていて何となく感じている強さが言語化されて面白いです。

白鵬の強さを段階的に分析すると、全てにおいて強いのです。

①　立ち合いで不利になりにくい

②　五分の体勢から有利に持ち込みやすい

③　不利な体勢になっても逆転しやすい

まず①の「立ち合いで不利になりにくい」点については２０１５年の「ＡＥＲＡ」掲載記事からの抜粋になりますが、中京大学の湯浅景元名誉教授の話によると白鵬の飛び出しの最高速度は毎秒４ｍということで、過去30年で分析した力士の中ではトップです。なおこの速度はウサイン・ボルトの初速に匹敵するものであると言われています。素早く当たることができるためか、衝撃力は他の力士の平均値の１・35倍である６０８kgにも及ぶそうです。

相撲は立ち合いで9割が決まると言われるほど、立ち合いが重要な競技です。この調査結果を踏まえて考えると、立ち合いの段階で白鵬は速く強く当たることが可能だということがわかります。相手力士は立ち合いで白鵬を上回るにはより速く、強く当たらねばならないのですが、理屈で言えば湯浅教授が算出した数値を上回る必要がある。でもそんなことは容易ではないから、白鵬は立ち合いで不利になりにくいのです。なお立ち合いについては瞬発力の勝負なので、改善はできても素地の部分が重要ではあります。

そして力士や親方の談話によると、白鵬にはもう一つの特性があります。白鵬は「柔らかい」そうなのです。

この柔らかさが何を意味しているのか。それは、白鵬に当たっても衝撃が吸収されるような感覚に陥るのだそうです。つまり、強く当たっても他の力士と比べて強く押すことができないというわけです。力士には柔らかい力士と硬い力士がいるそうで、柔らかい力士に対してはこのようなことが起きるのでとてもやりにくいと聞きます。白鵬の体を間近で見ると驚くのは35歳とは思えないほど張りがあり、そして奇麗なのです。他の力士の体は筋肉を纏《まと》っているせいかゴツゴツとしており、長年の摩耗《まもう》から痣《あざ》やシミもあるのですが、白鵬にはそれがありません。筋肉はあるのですが、柔らかい脂肪の鎧を着ているようなイメージです。速く強く当たってくる相手に、こちらの当たりのダメージを軽減されたのではもう手が付けられません。白鵬の立ち合いの強さにはこのような理由があるのです。

次に②の「五分の体勢から有利に持ち込みやすい」という点ですが、一つの傾向として白鵬が相手で五分になると、相手力士が仕掛けに行けないように見受けられるのです。顕著なのは、立ち合いで突き合いになった後でふと間合いができることがあります。このようなケースでは一旦両者の動きが止まります。ただ、白鵬を相手にするとなかなか動けないのか、ここで先に動くのは白鵬です。

これもよく言われていることですが、白鵬は誰よりも対戦相手を研究する力士です。映像の分析もさることながら、対戦が予想されるところまで昇進してきた新鋭力士の部屋に積極的に出稽古に行き、実際に肌を合わせることで相手力士を丸裸にしてしまいます。稽古をすることによって相手力士がどのようなタイミングで当たるのか、何を考えてどう動くのかを理解します。

ただ、これについては逆の見方をすることもできます。もし白鵬が出稽古するのならば相手力士も白鵬の特徴を理解し、対策を打たれてしまうのではないか？　ということです。

なお、これについては相撲の世界では一つのリスクとして考えられているようです。というのも、例えば稀勢の里が所属していた鳴戸《なると》部屋のように出稽古を禁止している相撲部屋もあるからです（出稽古を禁止している部屋は多くはないですし、またその理由を公言しているわけではないので、どの部屋がなぜ禁止しているかについては不明です）。

稀勢の里は白鵬を倒すこともありましたが、白鵬が稀勢の里を理解しているので、愚直な攻めが出せないように白鵬に立ち回られてしまうことが大半でした。例えばこのような時、先手を打って白鵬に立ち回られないように訓練をしたいと考えると出稽古で実践することになるわけですが、これをやってしまうと対策の手の内を見せることになってしまいます。白鵬としては既に対策ができているのですから、稀勢の里と肌を合わせる必要はあまりない。

もし対策が必要だとすると、それは稀勢の里が白鵬に有効な対策を持っていると判明した時です。

実に不思議なのは、白鵬は出稽古で相手を分析する一方で、相手に材料を与えているにもかかわらず、他の力士が白鵬への対策を打てていない点です。白鵬は出稽古で相手を理解することができますが、相手力士は白鵬を理解できない。もしくは分かっていても有効な対策が打てない。実践できない。それほど多彩な技術や出足の強さ、速さなどがあるために、分析するにも難解な存在だと言えるのかもしれません。

このようなことから、白鵬は仮に五分になったとしても相手力士の傾向や特性を理解しているのでどこに弱点があるのか、どう動けば崩せるのかをわかったうえで的確な行動に移すことができます。白鵬が五分の体勢になった時に自ら仕掛けて崩すこともあれば、相手の攻めをいなして崩すことも多々あります。単に他の力士よりもフィジカルに優れているだけでなく、研究ができているからこそフィジカルの優位性を発揮しやすいのではないかと思います。

最後に③の「不利な体勢になっても逆転しやすい」点を見てみましょう。

立ち合いに絶対の強さがあり、誰よりも研究するので攻めても攻められても対応できる白鵬といえど、不利になることはあります。例えば、隙を突いて攻めたのは良いものの、攻めきれずに回り込まれてしまう。前に力士はいないが前傾姿勢になってしまっている白鵬。相手力士が絶好のチャンスとばかりに、少しできた間を埋めるように前掛かりで押しに来る……。このような場面で何度となく見たのが、体勢を立て直して攻めを凌ぎ、土俵際で薄氷の勝利を掴む白鵬の姿です。

今の例では2つのポイントがあるかと思います。まずは、瞬時に立て直す瞬発力です。本来このような不利な体勢になると立て直す前に相手の攻めを貰ってしまうのですが、攻められるよりも早く白鵬が動いてしまっているわけです。不利な状況になってもそのまま何もできずに敗れる白鵬の姿をあまり見ないのは、このように立て直すのが早いのでもつれた展開になるからだと思います。

そして、もう一つが的確な判断力です。立て直したと言っても相手力士は追ってきています。まず、今自分がどんな状況かを理解しなければなりません。そして、それが理解できた後でこの攻めをどうすればかわせるかを考えねばなりません。この2つを今まさに敗れようとしている、明らかに正確な判断力が損なわれる状況下で遂行せねばならないのですが、白鵬にはこれができるのです。

白鵬は基本的に相撲を自分有利に進められる力士だと思います。繰り返しになりますが、立ち合いで絶対的な強さがあり、相手力士を研究した結果、展開の中で倒す強さも持っています。つまり、不利になることが相対的に見て非常に少ないのです。もし不利な状況になりやすい力士であれば実践や稽古の場でもそうしたケースを想定した訓練を行うかもしれませんが、白鵬はそのような力士とは対極の存在なのです。しかし、誰よりもリカバリーが早く、上手いのです。

ということで、3つのシーンにおける白鵬の強さについて順を追って説明しましたが、ここからわかるのは「どんな状況でも白鵬はおそろしく強い」ということです。大横綱でありながら何かと批判されることの多い力士ではありますが、これほどの相撲が観られるのは今の時代を生きた人にとって幸せなことではないでしょうか。好き嫌いはあると思います。ただ、この強さというのは今までの相撲にないものなので、好き嫌いを超えて強さを受け止め、この稀なる横綱を語り継いでいきたいものです。

Q10　白鵬クラスになれるだけのポテンシャルを持つ力士は最近現れていないのですか？　もしいないのなら、何か原因があるのでしょうか。

白鵬は史上最強と言っても良いだけの優勝回数、通算勝利数を誇り、データという側面から考えるとこれに反論するのが難しいほど圧倒的な実績を誇ります。そもそも比肩《ひけん》する存在が現れることを想像しにくいのですが、白鵬以降横綱に昇進したのは世代がほぼ同じである日馬富士、鶴竜、稀勢の里であることが気がかりです。

早熟の力士は大抵、20代前半で横綱に昇進しています。つまり、35歳の白鵬を軸に見ると白鵬以降の世代については10年ほど突出した才能を輩出できずにいるとも言えます。これだけ横綱が途絶えているのは異例のことです。１９７２年生まれの貴乃花の次の世代が朝青龍で、８歳分の不在はありましたが、今の幕内力士の中で横綱を目指せるほどの突出した力士は誰かと言われても答えに窮《きゅう》してしまいます。次世代の育成という意味で、大相撲は今問題を抱えていると言って良いでしょう。

さて、突出した才能が現れない理由は何でしょうか。幾つか理由が考えられますが、まず入門する力士数の減少という問題があります。

角界への入門者数が最も多かったのは若貴ブームの頃の２２３人ですが、これを境に減少を続けました。10年前からおよそ80人前後の横ばいで推移しており、大相撲が人気回復して以降も上昇には転じていません。不祥事が発生しても人気が高まっても変化がないのはある意味で相撲の持つ底力とも言えますが、分母が減れば逸材が現れる確率は当然減少します。

日本相撲連盟に登録されたアマチュア力士数を見ると、相撲の競技人口が少ないことがわかります。２０１４年時点で小学生数は１１３７人、中学生は４７２人、高校生は１０５２人、大学生４９６人です。大相撲の力士数がおよそ６６０人ですから、アマチュアがいかに少ないかわかるかと思います。入門者数もさることながら、競技人口自体がかなり少ないのです。

高校相撲については、東京都で団体戦のチームが組めるのは5校しかないという話もあります。どんな競技でもレベルアップにはライバルとの切磋琢磨《せっさたくま》が必要ですが、このような状況では基本的にライバルは校内に求めるしかありません。レベルの高い学校であれば全国大会に出場したり、少し時間は掛かりますが強豪校との合同稽古という方法もあるかもしれません。ただ、競技人口が少ないために校内や関係性の深い学校でも様々なタイプの力士と稽古するのは難しいでしょう。例えば同学年の選手が1・5倍くらい重く、なかなか相手にならないという例もありました。アマチュアレベルで実力を高めるために障壁が存在しているのは問題だと思います。このような状況から、大相撲を目指す分母が少ないことがおわかりいただけるかと思います。

そして、アマチュア力士をめぐってはもう一つの問題があります。競技を続けるにしても、大相撲を選ばない選手が多いのです。

アマチュアスポーツは競技によってはユース世代で活躍した選手がプロでは活躍できないケースもあるかと思います。サッカーのU－17世界大会に出場した過去の日本代表メンバーを見ると、その後活躍している選手とそこから伸び悩んだ選手に分かれることがわかりますが、相撲の場合は若い頃に能力を発揮している選手がそのままプロでも活躍しやすい競技と言えます。そのため、中学生くらいの頃から有望な選手が相撲部屋からスカウトされることもよくあります。ただ、その時点では踏ん切りが付かずに大学卒業のタイミングで改めて入門するケースもあり、7年越しにラブコールが実ったという話を聞いたことがあります。

こうした事情から、高い能力を見せている学生を相撲部屋が放っておくことはないのですが、驚くべきことに中学生ナンバーワンである全国中学校相撲選手権大会の覇者が２００１年の影山雄一郎（元：栃煌山）から２０１１年の佐藤貴信（現：貴景勝）まで一人も大相撲の世界に入っていないという、異常事態が発生しているのです。栃煌山は１９８６年生まれですから、１９８５年生まれの白鵬を脅かす力士が10年以上現れていないという問題にこの期間が符合してしまいます。

　有名な話ですが、御嶽海は大相撲入門か公務員になるかで迷っていたそうです。その後大関昇進を目指すことになる力士ですら、大学卒業前に大相撲の道へ進むことをためらっていたという事実は重いです。相撲に限らずどんな競技でも世代で頂点を極めれば自身の力を試したい、さらに上に行きたいと思うのが自然なことです。しかし、それをしない選手が多いというのは競技として大きな問題ではないかと思います。

　ただ、中学横綱については佐藤貴信以降相次いで入門しており、深井《ふかい》、竜虎《りゅうこう》、塚原《つかはら》、栃《とち》神山《かみやま》、そして16歳での幕下昇進が話題になった吉井《よしい》といった有望な力士達が名を連ねています。有望な力士が入門しないというトレンドは少しずつ変化しているので、近い将来こうした力士達が頭角を現すことで上位の力関係が変わる可能性があります。

既出事項の再掲にはなりますが、外国出身力士の質が以前から変化しているというのも勢力図が変わらない理由の一つです。

振り返ると貴乃花引退以降の大相撲を引っ張ってきた大横綱は朝青龍と白鵬であり、日本人力士で大横綱になれる潜在能力を見せた力士は20年現れていません。そもそも三代目若乃花以降で日本人横綱は稀勢の里ただ一人なのです。しかも、その稀勢の里でさえ不運な怪我で短命に終わっている。

つまりこのトレンドが続くならば、大横綱の系譜を継ぐだけの資質を持つ外国出身力士が現れない限り、現在の「白鵬不在の戦国場所」のような構図は変わらないことが予想されます。多くの相撲部屋がモンゴル人力士をスカウトしている中で、しかもモンゴル人の目はオリンピック競技に向いている状況ですから、かつてのような逸材が入門しづらいと言えるでしょう。

加えて、素質の高い力士の怪我が増えている問題があります。

幕下や十両の相撲と幕内上位の相撲は質が違います。十両以下の場合、体や相撲の型ができていなくても、それを補う能力があればある程度は昇進できてしまいます。しかし、番付が上がれば上がるほど速くて大きな力士が登場します。大型化という現在のトレンドは、若手力士が上位に対応する前に彼らを飲み込み、潜在能力ゆえに無理をした結果、多くの力士が故障持ちになってしまいます。

さらに、怪我をした力士が無理せざるを得ない制度設計の問題もあります。関脇だった力士でも2場所全休すれば十両、3場所休めば幕下まで落ちてしまうのです。他の競技では大怪我をした選手が1年あまりのリハビリを経て復帰するケースもありますが、大相撲ではそれが許されず、番付が下がるリスクを冒して完治させるか、ある程度動けるところまで回復させて怪我と共に付き合うという二択を迫られることになります。そして、多くの力士達が後者を選ぶ結果になっているのです。

まとめると、白鵬を超え、白鵬の後継者となる力士がなかなか登場しないのは、日本人・外国人共に逸材が大相撲を選択しない事情があるうえ、入門者数の停滞という問題があることと、力士の大型化トレンドから若手有望株が昇進後に怪我をしやすく、しかも長期休場で完治させることをためらわせる制度設計のため古傷を抱えたまま強行出場しているということが挙げられます。

この状況を打開するには、数あるスポーツの中から相撲を選んでもらうための底辺拡大策と、アマチュア力士に大相撲を選んでもらうための改革、そして怪我をした力士の救済策が必要だということがわかりますが、今のところ具体的に動いている様子はありません。これらの施策は実行しても効果が出るのは相当先です。特に底辺拡大の効果で入門者のトレンドが変化するのは15年前後かかることが予想されます。となると、今すぐ対策を実施しても入門者については15年あまり現状維持もしくは悪化するしかないのです。

今後の大相撲の繁栄のためにも、早急な対応が求められます。

Q11　相撲って取組が始まるまでが長くて、延々と独特の所作が続いて眠くなってしまいます。取組以外の注目ポイントや楽しみ方があれば教えてください。

確かに、取組までの時間が少し長く感じることはあるかもしれません。ただ、大相撲は盛り上がるポイントが数分に一度あるので、それ自体は現代のスポーツに求められている要素を満たしていると思います。

他のスポーツだと競技がある程度長時間続くので観客の興味持続が可能ですが、一方で動きのない時間帯が続いたり点差が開いたりするデメリットもあり、例えば野球については、７回制にしたり攻守の切り替わりの時間を設定したらどうかといった議論もなされています。大相撲は楽しみやすいと言えます。そして、楽しみ方を知れば取組の間の時間も興味の持続が可能でしょう。大相撲には様々な楽しみ方があり、取組よりもむしろそちらがメインになっている方もいるほどです。鉄道ファンにも、乗るのが好きな方もいれば写真を撮影するのが好きな方、音を集めるのが好きな方もいて、楽しみ方が細分化されていますが、実は大相撲にも似たようなものがあるのです。

　現地で観戦する場合、楽しみ方は無数に広がります。まず、現地会場だと食べ物が充実しています。国技館の地下で作っている焼き鳥は一日に４万５０００本も焼くほど売れるもので、売店で販売している日本酒（吉乃川）もこれに合わせたものを選んでいるという話を伺っています。大関以上の力士にちなんだ弁当も販売されており、力士の出身地や好物を盛り込んだ構成になっていてどれも美味しいです。まずい力士弁当を食べた経験はありません。

　甘いものについてもソフトクリームもあんみつもレベルが高いですし、子供も大人も楽しむことができます。なぜこれほど食事が充実しているかと言えば、茶屋でも同じものを取り扱っており、茶屋を利用するようなある程度ステータスのある方でも満足する水準のものが求められるからです。

また、会場では出待ち・入り待ちをすることができます。

横綱と大関を除く力士達は国技館内に入ると基本的に同じルートから入退場することになりますが、現地であればこの様子を近くから眺められます。また眺めるだけでなく、力士に声を掛けコンタクトを取ることも可能です。ただし入場時に写真やサインを求めたり、敗れた力士にファンサービスを求めるのはマナー違反という声もあります。この辺りについては先輩ファンの方々の振る舞いを参考にしていただけると良いかと思います。

テレビで観ている力士と話してみると案外気さくで、こちらが緊張しているとそれを察してくれることもあります。「男芸者」という言葉があるように、力士は様々な方と接するのでコミュニケーションスキルが高いのです。それまで興味がなくても実際に接してみてその力士のファンになってしまうことも多いので、一度やってみると良いと思います。ちなみに私の友人は状況は少し異なりますが、電車の中でたまたま鉢合わせた関取の勢《いきおい》に声を掛けられて、一発で彼のファンになってしまいました。

取組に少し飽きたら館内をぐるっと回るのも面白いです。国技館では優勝力士の額が飾ってあるのを眺めると、当時の思い出に浸ることもできます。また、場内警備をかつて人気力士だった親方が務めているので、これにも驚かされます。コーチが球場の警備をしているなんて競技は他にありませんからね。

売店の品ぞろえは独特のセンスです。最近では品質が上がってきましたが、「え？　なんでこんなものが売っているの？」という土産も多々あります。似ているのかいないのか微妙なフィギュアや貰っても使い道に困る軍配《ぐんばい》、国技館の治外法権が発動されなければ着るには相当な勇気の要るＴシャツなど、言い出したらキリがありません。誰がこんなものを買うのだろうと疑問に思った私はこうした土産物を定期的に購入しており、家族から煙たがられています。

館内の楽しみ方も覚えていただきたいところですが、コロナによってそれがなかなか実現しない状況ですし、感染予防の観点から入り待ちや出待ちはできないので、世の中が落ち着いてから行ってくだされればと思います。

さて、次にテレビを観ながらの楽しみ方に移ります。実は、テレビ観戦も知っていると楽しめる点がいくつかあります。

まず、解説の楽しみ方です。解説者も様々で、技術解説が得意な方もいれば、力士に寄り添う優しい解説が特徴の方もいます。愛はあるけど言葉は厳しいというタイプの方もいます。おそらく好きなタイプと苦手なタイプが出てくるので、今まで気にしていなかった解説に耳を傾けてみるといいのではないでしょうか。

個人的に面白いのが北の富士さんと舞の海さんの時です。北の富士さんは元横綱で昔の大らかな力士を地で行くタイプの方なので、80歳を目前に今でも自由奔放です。「サンデーモーニング」の例のコーナーに登場しても張本（勲《いさお》）さんのアクの強さに対抗できるほど攻めた発言をされるのでそこが爽快です。とはいえお茶の間のファンが思っていることを口にするだけの時もあるのでこれを解説と言って良いのか疑問はありますが、見ていてあまり悪い気はしないし楽しいのは確かです。

舞の海さんは北の富士さんとは対極で、常に視聴者が何を話してほしいかを考えている方です。これを言ったら喜ぶのではないか？　これは専門家の立場として言うべきではないか？　ということを考えて、積極的に発信・質問するのが特徴です。かゆいところに手が届き理解が深まるので個人的には好きです。

ただ、この２人が混ざると危険なのです。

北の富士さんが奔放に発言し、それを横目に北の富士さんの奔放さをさらに引き出そうと舞の海さんが意に沿うような質問を用意します。そして、舞の海さんが寄り添ってきていると感じ取った北の富士さんが軽妙な返しをすることで、解説というよりは居酒屋談議のような雰囲気になりがちです。

ただ……これが見事に噛み合わない時があります。舞の海さんが北の富士さんの意図を見誤ることがあり、変な空気になるのです。そしてそれを舞の海さんに率直に返す北の富士さん。してやったりだったはずなのに目論見《もくろみ》が外れて、えっ!?　というリアクションの舞の海さん。こういうことが結構多いのですが、それでもめげずに北の富士さんにボールを投げ続ける舞の海さんという構図はスポーツ中継だけではなくテレビ中継ではなかなか見ることができない珍品と言えると思います。土俵外で行われる2人の真剣勝負をテレビ越しに覗かせていただくのはなかなか面白いものです。

そして、相撲とは関係のないところに目を向けるのも面白いと思います。

テレビのフレームの中には向正面の客席が映りますが、有名人が来ていることがあります。別の方が席を持っていて、それを譲り受けて座られている方が多いらしく、テレビに映りたいタイプの方が来がちという話もありますが、予想だにしない方がいきなり映り込むと観ていてビックリしますし、テンションが上がります。ＳＮＳ上で話題になると、ただ相撲を観ているだけなのにネットニュースになることさえあるのです。それほど多くの方が否応なしに注目してしまうということでしょう。

あとは、裏方さんの動きも注目です。個人的に面白いと思うのは呼出《よびだし》さんです。取組前に力士の名前を呼び上げ、土俵をほうきで掃いたりと様々な仕事を忙しくしていますので、その動きを観ているだけでも面白いですし、イケメンの呼出で盛り上がっている層も存在します。ちなみに呼出の方を集めた飲み会に参加したことがありますが、呼出ファンの方が取組はほぼ観ないと話していることに面食らった覚えがあります。一つの独立したジャンルとして呼出ファンが存在するのは興味深いです。

一番の見せどころである力士の四股名の呼び上げについては、呼出ごとに特徴があり楽しいです。渋い声の方もいればハイトーンを聞かせてくれる呼出もいます。特に利樹之丞《りきのじょう》さんが人気で、最近はその影響からか高い声で呼び上げる呼出が多くなっているように感じます。個人的にはあのトーンと声量を定年まで続けるのは難しいのではないかとヒヤヒヤしていますが、年を取ると歌手もキーを下げて歌うことがあるので、同じような形で進化するのではないかと予想しています。

少し際どい話をすると、呼出の中で音を外しやすい方もいます。力士の名を呼び上げるのが仕事なのにそれが上手くないのは何事かと怒る方も中にはいらっしゃいますが、個人的には楽しんでいます。というのも、上手く呼び上げねばならないと懸命に努力している中でミスしてしまったと解釈しているからです。歌手でも音を外すことはありますし、音を取っていてもどこか聞き苦しい歌唱の方もいらっしゃいます。ただ、それも含めてその人の歌なのです。もちろん、そうならないようにするための努力は必要ですが、そうしたうえで上手くいかないならもう仕方がない。ほつれてしまっているのですから。当然、ほつれがメインになってしまってはそれはそれで問題なのですが……。

最後に、2021年ならではの楽しみ方としてSNSの活用を挙げておきます。最近は大相撲ファンの友人を持つことが難しい状況にある方も多いのではないかと思います。そのため一人で相撲を観るのですが、感じていることを他の人と共有できないわけです。楽しいけれど、感じている何かをうまく言葉にできない。これはマイナーな趣味ならではの悩みです。

ただ、ツイッターなどを活用すると全世界で同じ相撲をリアルタイムで観戦している方がいます。「#sumo」で検索すると取組についての感想を語っている方もいれば解説について茶々を入れている方もいます。また、翌日の取組の予想について語っている方もいます。人の数だけ感じていることが発信されているので、多くの方と共に観ていることを疑似的に体験できます。

自分で発信したり、誰かの発信を観ながら相撲を楽しむと時間が経つのはあっという間です。一人で完結するのももちろん楽しいですが、発信に対する反応があればそれに対して自分も反応するという連鎖が生まれて、相撲を観ながら交流を楽しむことになります。

現地観戦でもテレビ観戦でも楽しみ方は無数にあります。今回私が紹介した以外にも見方によって楽しいことは変わってきますので、独自の楽しみ方を開発していただければと思います。

第2部　力士という生き方

Q12　力士はどれくらいの給与をもらっているのでしょうか？　ほかのスポーツや一般の職業と比べて多いのか少ないのか知りたいです。

ボクシングや総合格闘技では試合に対してファイトマネーが設定され、勝敗に応じて貰える額が変わりますが、大相撲における給与は地位によって変わります。地位別の収入は次の通りです。参考までに、１年間同じ地位を維持した時の給与額も併記いたします。なお、こちらは２０１９年に改定されたものです。

横綱：３００万円／月	３６００万円／年
大関：２５０万円／月	３０００万円／年
関脇・小結：１８０万円／月	２１６０万円／年
前頭：１４０万円／月	１６８０万円／年
十両：１１０万円／月	１３２０万円／年

こう見ると、横綱と大関の給与にそれほど大きな開きがないことがわかります。横綱は降格がないので成績が低迷すると批判に晒《さら》されますし、相撲界の顔なので何をしても常に議論の対象となります。うっかり黒いサポーターを付けてしまっただけでニュースになってしまうことさえもありましたし、所作《しょさ》を間違えたことが大きな批判を集めたこともありました。

ただ横綱は出場するからには結果が求められる一方で、休場しても地位が守られる立場でもあります。関脇だった力士でも2場所全休すれば十両まで落ちるので給与水準は6割程度まで落ち込みますが、横綱であれば給料は全く変わりません。このことを批判する方もいますが、先に述べた責任の重さを考えると果たしてそれが妥当かどうかは解釈次第かと思います。

前頭以上（幕内）であれば、給料以外にも所得を獲得できるチャンスがあります。私達が目にする中で最も気になるのは懸賞金です。幕内では取組ごとにスポンサーから懸賞が出ることがありますが、誰がこれを提供しているかは取組前に出る懸賞幕を見ればわかります。1本7万円で、取組後に勝った力士が1本当たり3万円受け取ることになります。経費が1万円で、残りの3万円は協会が預かり引退後に渡します。

懸賞金は取組によって差があり、横綱や大関になれば増えます。白鵬は年間で懸賞を20

００本、６０００万円を超える額を受け取ったこともあり、これは突出して多いのですが、人気力士でなければ数本付けば良いほうです。逆に遠藤のような人気力士は幕内でもかなり多くの懸賞が懸けられるので、相手力士のモチベーションが刺激された結果、大関戦と平幕《ひらまく》戦の勝率がほぼ変わらないという珍現象を生んでいます。気の毒な限りです。

　これ以外にも幕内優勝力士は賞金１０００万円、殊勲賞・敢闘賞・技能賞の三賞受賞者にはそれぞれ２００万円が授与されます。特筆すべきは平幕（前頭）の力士が横綱に勝つことを金星と言いますが、金星一つにつき4万円が場所ごとに支給され続けます。史上最多で金星を獲得したのは安芸乃島《あきのしま》（現：高田川《たかだがわ》親方）の16個ですので、引退直前には場所ごとに64万円貰っていた計算になります。

　さて、この給与水準ですが果たして高いのでしょうか、それとも低いのでしょうか？

　一言で表すとトップアスリートの水準に比べると低いですが、平均的な競技と比較するとかなり高い水準という印象です。

　日本人アスリートでトップクラスの収入を得ているのはテニスの大坂《おおさか》なおみ選手と錦織圭《にしこりけい》選手で約40億円。野球のダルビッシュ有選手が20億円を超え、ゴルフの松山英樹選手が15億円で続きます。

現在高額の収入を稼ぐアスリートは皆、世界的に活躍しています。放映権やスポンサー収入などの市場規模を考えれば、市場がほぼ日本国内に限られる大相撲と比べると開きが出るのは致し方ないことではありますが、この額を見るとビッグマネーを獲得するという動機で大相撲の道を選ぶことは考えにくいのが現実です。

ただ、それでもオリンピックに出場するような競技に取り組む選手の大半が企業に所属し、サラリーマンと同程度か、場合によっては低水準の所得しか得られない実情があることもまた事実です。一人前の選手が等しく1000万円以上貰えるスポーツは野球・サッカー・ゴルフ、あるいは競馬や競艇などの公営ギャンブルに限られているのは特筆すべきことだと思います。毎場所会場が満員になり、地上波で安定して視聴率が10％を超えるコンテンツは大相撲だけなのですから。

続いて、幕下以下の力士になるとどうなるか見てみましょう。彼らは給料がないのですが、場所ごとに次の額の手当てが付きます。

幕下：16万５０００円／場所　99万円／年
三段目：11万円／場所　66万円／年
序二段：８万８０００円／場所　52万８０００円／年
序ノ口：７万７０００円／場所　46万２０００円／年

大相撲の世界は衣食住が提供されるので、この額だけで生活せねばならないというわけではありません。ある意味で恵まれているとも言えますが、これでは一家の大黒柱になることはできません。十両以上の力士と比べるとその差は歴然としているのです。見ての通り、いわゆるサラリーマンの大半が得るような所得水準ではありません。１０００万プレイヤーか、フリーターレベルか。それが大相撲の世界の厳しさと言えるかと思います。

それゆえ、幕下上位の取組は苛烈《かれつ》を極めます。誰もが十両になりたくて、必死なのです。幕下力士が十両になりたいのと同様に、十両の力士はその地位を手放したくありませんし、十両から落ちてきた幕下力士も目の色が違います。給与が10倍以上になることももちろん大きいのですが、力士として一人前になることは誰もが目指すものです。相撲としての完成度は幕内や十両の方が当然上ですが、この番付にしかないガムシャラさがあるのです。不格好なところもありますし、観客数も上位と比べるとそこまで多くはありませんが、幕下の相撲を私が多くの方におすすめしているのはこういう理由からなのです。

一人前の力士はサラリーマンと比べるとかなりの額を稼げますし、一定の基準を満たせば、引退後は年寄株《としよりかぶ》というものを取得して相撲協会に親方として残ることができます。ただ、その枠が１０５しかないために親方になれるのは1学年平均で３人程度です。言い換えると、その３人以外は相撲界とは異なるセカンドキャリアを歩むことになります（年寄株についてはQ27で詳述しています）。

しかしどのスポーツでもそうなのですが、彼らのほとんどは子供のころからスポーツ一筋なので、引退後はどのような職業を選ぶとしても未経験から始まります。また、ある程度高齢かつ未経験で就職することになるため、給与水準は相対的に低めであることも事実です。

十両以上の経験が長ければ、引退後に所得が下がっても現役当時の貯金があります。生涯年収ベースで考えた時に、十両以上での在位期間がどのくらいあれば生涯サラリーマンの方よりも高くなるかを算出したところ、およそ5年程度必要だということがわかりました。

実はこの5年という期間は、奇《く》しくも年寄株取得の条件である「十両以上：30場所」に一致するのです。言い換えると年寄株取得の条件を満たすレベルで結果を残さなければ、大相撲の道を最初から断念してサラリーマンになったほうが良いということを意味しています。

収入という意味で考えると夢もある世界ですし、スポーツ界では給与水準も高いと言えますが、トップクラスには水をあけられていますし、実力があっても生涯をトータルで見ると収入面から大相撲の世界を選ばないという道も現実的に考えるべきなのかもしれません。

ただ大相撲の世界での頑張りや人間的な成長、そして人脈といった有形無形の財産が身を助け、セカンドキャリアで大きな花を咲かせることもあります。ある方から聞いた話ですが、最高番付が幕下上位だった元力士のちゃんこ屋さんは繁盛《はんじょう》するのだそうです。現実的な打算から大相撲を選ばないのも一つの生き方ではありますが、このような話を聞くと大相撲の門を叩くことがその人の可能性を広げているのではないかと感じます。

Q13　大相撲へのスカウトはどのように行われているのですか？　将来有望な力士の情報を誰がどのような形で集め、勧誘しているのでしょうか。

大相撲の新規入門については、野球のように全てのチーム（この場合、相撲部屋に当たります）が平等に指名可能なドラフト会議のようなシステムはありません。どちらかと言えば

Jリーグのように自由競争で選手（力士）を獲得する形になっています。ですから、同時期に有望な力士が同じ部屋に在籍することも多いです。

ただ、大昔のように「飛行機に乗らせてあげる」というような口説《くど》き文句は通用しませんし、大相撲が子供たちの憧れだった時代もだいぶ前に終わっています。憧れの力士の下で相撲が取りたくて大相撲の世界に飛び込んだという事例もあるにはありますが、最近はあまり聞かなくなりました。そのため、スカウトの力が昔よりも大事な時代になっていると言えるでしょう。

さてスカウトと言っても、幾つかルートがあるかと思います。

一つは、親方の人脈でスカウトをするという方法です。

親方の人脈となるとメインになるのは親方の出身地、もしくはアマチュア時代の高校・大学との繋がりです。ですから力士名鑑を見ていると、部屋には親方と同じ出身地の力士が多く在籍していることに気付きます。出身地が同じ親方がいて、アマチュアで相撲を取っていれば当然評判は聞こえてくることになります。親方は大抵地元でも名が轟《とどろ》いていますし、そんな人から声を掛けられれば悪い気はしません。熱烈に勧誘されれば「この人のために」

と思い入門に気持ちが傾《かたむ》く、なんてこともあるでしょう。親方になるほどの実績があれば地元の英雄という顔を持つことになりますので、スカウトするうえでも強い影響力が発揮できるのです。

また、アマチュア時代の繋がりも見逃せません。例えば追《おい》手《て》風《かぜ》部屋は親方の母校である日本大学出身の力士が多いですし、高砂《たかさご》部屋も同様に近畿大学出身の力士が在籍しています。相撲の名門高校・名門大学の出身者が大相撲の道を検討する際にはＯＢが様々な部屋に在籍しているので、どこを選ぶかという判断に迫られることになります。

同じ学歴を有することによって有望な力士から部屋選びの候補に入れてもらうことは、相撲部屋を運営するうえでとても重要なことです。強い力士を育てたことは大きな実績になりますが、実は実績が入門者増に直結するわけではないからです。言い換えると、強い力士を育成できたことと、自分が強くなれることはイコールでは結び付かない。大事なのは、親方の指導方針が自分に合っているか、部屋の雰囲気になじむことができるかといった部分です。そして、こうした「自分に合った環境か否か」を大きく左右するのが、親方のアマチュア相撲におけるバックグラウンドだということです。

力士の相撲のスタイルには、アマチュア時代のバックグラウンドが大きく影響します。指導を受けるのであれば、自身のスタイルを理解してくれる指導者に師事するのが効率的です。ですから、部屋選びにはアマチュア相撲の共通項があるかどうかを考慮することになるわけです。逆に言えば、アマチュア時代に同じバックグラウンドを持つ力士がいれば、スカウト次第で入門させられるかもしれないのです。

大相撲で可能であれば変革が必要だと感じるのが、一度入門すると原則として相撲部屋の移籍が許されていない点です。つまり、親方の指導方針や部屋の雰囲気になじめなかった場合、自分が親方・部屋に合わせていくしかない。しかし、部屋に合わせることが自分の相撲を成長させる結果に繋がるかというと、必ずしもそうではない。部屋と自分の相性が悪い場合、可能性を最大限に伸ばすことができません。こうなると後は自分に折り合いをつけて現役を続けるか、諦めて引退するしか選択肢がなくなります。

実際、幕内の上位で相撲を取っていた力士が若くして引退を表明した際に指導方針が合わなかったということを理由として発表し、物議を醸《かも》したこともありました。ただ、今のところ入門後の移籍について検討されている様子はありません。この点については大変残念です。

話が長くなりましたが、共通のバックグラウンドを持つアマチュア力士をスカウトすることは、力士の力を伸ばすうえで互いにＷｉｎ－Ｗｉｎと言えるかと思います。

親方以外のルートを考えると、後援会のルートがあります。

相撲部屋には部屋ごとに人脈があります。老舗《しにせ》の部屋だと全国に支援者がいて、相撲の強いアマチュア力士の情報が入ってきます。情報をキャッチするといち早く彼らがコンタクトを取ることもありますし、親方サイドに共有してアマチュア力士に会う場をセッティングするという方法を取ることもあります。

親方の力には限界があります。引退直後は現役時代のネームバリューがありますが、一定期間経過するとスカウトされる側からしてもイマイチ、ピンと来なくなります。ゆえに引退直後は有望な弟子は集まりますが、徐々に有望な弟子が前ほどは集まらないという悩みを抱えることになってしまいます。このような時に強いのが、強力な後援会を持つ相撲部屋なのです。

「プロの力士にならないか？」という誘いは入門するしないは別にして自信になりますし、一人の競技者として嬉しいものです。また、最初に声を掛けてくれた部屋に対して、恩義を感じて入門したという話もよく聞きます。ですから、有望なアマチュア力士がいるとしたらできるだけ早く声を掛けるのが有効です。そういう意味で後援会のスカウト網が強力であれば素早く声を掛け「一番最初に認めてくれた」という印象を植え付けられるので、有望力士の入門を実現できる可能性を高められると言えます。

しかし、このような後援会を持つ相撲部屋はあまりありません。常に大人数が在籍している相撲部屋は少なく、力士が10人以下の部屋も珍しくありません。また、力士が数多く在籍していても十両以上に上り詰められる力士はなかなか入門してきません。質・量ともに入門者を増やすのは困難なことなのです。ゆえに親方と知り合いになると「大きな子がいたら紹介してほしい」とお願いされることになります。驚くべきことに、初対面の時に電話番号の入った名刺を渡されることさえあります。それほど親方たちは、入門する可能性のある若者の情報を求めているのです。仮に情報を伝えてもそれが入門に繋がるかどうかはわかりませんが、そんなことはザラなのでしょう……。

最後に、スカウトではないルートで入門する力士も今は少しずつ増えてきています。相撲部屋もウェブサイトやＳＮＳを利用し、情報を発信しています。所属力士達の本場所の活躍ぶりはもちろん、部屋での稽古風景やオフショットなども含めて楽しく見ることができます。

このようなことに力を入れているのは伝統のある部屋ではなく、新しく興《おこ》した部屋が多い傾向にあります。そして、こうした部屋ではウェブサイトやＳＮＳを通じて入門者を募集しているのです。

スカウトを受けた場合は、自分自身が意思決定すれば入門までのレールが敷かれることになりますが、スカウトされたわけではない場合、入門希望者は誰にどのように声を掛ければよいかわかりません。そんな時、今の時代であれば「相撲部屋　入門するには」というワードでネット検索をすることになります。その時、こうした新興部屋が彼らの受け皿になるわけです。

昔であれば相撲部屋に入りたいと思っていても方法がわからないので、一歩踏み出せずに夢を諦めてきた方もいたかと思いますが、今は何でも調べることができるので、誰にでも入門の道が開けている。これは良いことだと思います。

なお、相撲部屋ごとの入門事情を調べたところ、インターネットからの入門や知り合いからの紹介による入門が多いと回答している部屋もありました。一方で親方の高校・大学の繋がりが主である部屋も存在しており、入門ルートは部屋のカラーによって異なると言ってよいのではないかと思います。

親方の力と、後援会のバックアップという2つのルートでのスカウトと、入門希望者自身が情報収集によって自ら相撲の世界に飛び込むルート。どのルートで入門するにしても力を伸ばせる環境を選び、力士として成長してほしいものです。スカウトの話をしながらこんな話をするのは変かもしれませんが、相撲部屋に飛び込んだ者の多くは引退後に相撲協会には残れません。力士として成長することもさることながら、人間としても成長することが求められるのです。大相撲での経験をセカンドキャリアで活かすためにも、大相撲で充実した生活を送ってほしいと思います。

Q14　大相撲の世界に入るためには、どのような条件をパスする必要があるのでしょうか？

ボクシングの世界ではプロテストが存在し、16歳から34歳（申込時に）までの男女、コミッションドクターによる健康診断に合格した者、ボクシング協会加盟ジムに所属している者が筆記テストと実技試験（スパーリング）を受けて、その結果で合否が判定されるというものです。一説によると筆記テストで落とされた人はいないという話もあり、かなりの割合で判定はスパーリングの結果に委《ゆだ》ねられると考えて良いのかもしれません。34歳でもプロテスト受験基準を満たしているというのは少し意外ですが、受け入れる門戸が開かれていると言って良いのかもしれません。

さて、一方大相撲ではどうなのでしょうか？

その条件を見てみましょう。

・年齢制限

義務教育を修了した、新弟子検査日時点で23歳未満の男子

※相撲協会が指定している社会人・大学のアマチュア大会で一定の成績を残したものに限り23歳以上25歳未満でも可

・身長・体重

最低合格ライン：１６７㎝、67㎏以上

※三月場所新弟子検査受検者で、中学卒業見込者に限り身長１６５㎝、体重65㎏以上と

されています

師匠となる親方を通じて相撲協会が指定された書類を添えて力士検査届を提出し、日本相撲協会が指定する医師の健康診断ならびに新弟子検査に合格し、力士として認められることになります。

　まずは年齢制限についてですが、以前は義務教育修了前の者も力士になることができました。代表例として昭和の横綱、北の湖が挙げられます。13歳でデビューし、中学卒業間際には15歳で幕下に昇進しています。貴乃花が破るまでの最年少記録は北の湖が保持しており、早期入門によって達成されたものと言って良いでしょう。ただ、今では義務教育修了が条件となっていますので、このようなケースが発生することはありません。

　次に身長と体重ですが、かつて１７３㎝75㎏以上という基準があり、これを下回っていた舞の海が頭部にシリコンを入れて受験したエピソードが有名です。元大関の大受《だいじゅ》（元・朝日《あさひ》山《やま》親方）も同様のエピソードがありますが、それだけ基準が厳格なものであり、またこのような危険を冒しても入門したかった世界なのだと思わされます。

　ただ、身長の基準については近年では形骸化している部分もあります。有名なのは爆羅騎《ばらき》という力士が２０１２年に受検した時のこと、身長を計測する際にかなり大幅に踵《かかと》を上げた状態だった様子が写真に残されています。また、びん付け油を使って髪の毛を逆立てていたことも記事として残されており、本当は１６０㎝と言われています。

そして相撲界入門に関する最大の特徴は、実技試験がないことです。

前述のボクシングやゴルフでは実技試験があり、ゴルフに関してはトーナメントプレイヤーとしての受験の場合は一説には合格率５％と言われています。一定の基準を満たし、プロとして認定されるだけの技量を持っていることが求められる世界ですが、大相撲の世界は違います。健康診断の結果が引っかかってしまう事例がないわけではないと聞きますが、技量という観点で合否判定されることはありません。

となると、技量を問われることなく入門した力士達はその後どうなるのでしょうか？　入門後に成績が上がらなかった力士の多くは短期間で引退しますが、中にはそのまま残って現役を続けるという力士もいます。

最も有名なのは、勝南桜《しょうなんざくら》です。以前は服部桜《はっとりざくら》という四股名で土俵に上がっていましたが、２０２１年一月場所終了時点で通算３勝２１７敗という成績です。最後に勝利したのは

２０１９年一月場所なので、2年間敗れ続けているわけです。このような成績は稽古をしていないからではないか？　と考える方もいらっしゃるかもしれませんが、他の力士同様に参加しています。

幕下以下の取組は基本的に、成績が同程度の力士同士が対戦することになります。つまり、敗戦を重ねると成績不振者同士の対戦になるのです。優勝争いが好成績者同士のトーナメントのような編成になるのと同様に、全敗力士達も逆の意味でトーナメントが形成されることになります。

勝南桜はここ2年序ノ口で全敗を続けているので、言い換えると序ノ口で最弱ということになります。序ノ口で最弱とはすなわち、大相撲の中で最弱ということです。勝つチャンスがあるとすると、新規入門者が多く「就職場所」とも言われる三月場所付近と考えるのが妥当なのですが、不思議なことに三月場所での勝利がありません。様々な力量の力士が毎年入ってくるので、弱いながらも着実に成長していれば就職場所辺りのタイミングで勝てそうなものですが、全敗を繰り返しているのが勝南桜の現状です。

また、勝南桜以外にもこのような力士は存在しています。興味深いのは勝南桜以外の力士達は弱いながらも地力をつけているせいか、入門時から比較すると少しずつ成績が上がっているのです。負け続けてピラミッドの下層にいるからと言って、決して漫然と相撲を取り続けているわけではない。普通は引退するのに、大相撲の世界で研鑽《けんさん》を続ける彼らのような存在を「名誉ある最弱力士」と評し、序ノ口の彼らの取組を中心に熱心に観ているという好事《こうず》家《か》も存在します。

とはいえ、彼らのような力士が審査を合格し、現役を長く続けられることについては意見が分かれます。Ｑ12でも説明した通り、幕下以下の力士の年収は１００万円以下です。勝南桜は序ノ口から上がったことがないので、場所手当は７万７０００円。年に換算すると46万２０００円になります。この収入は当然、普通のサラリーマンと比較するとかなり低いものです。ただ、大相撲の世界は衣食住について負担する必要がないので、この金額を全て好きに使えると考えるとどうでしょうか。小遣い制で生活しているサラリーマンの方も多いと思いますが、序ノ口から上がれない力士であっても小遣い３万円のサラリーマンよりも使える金額が多いと言えるわけです。

下位から上がれない力士ともなると、かわいがり（いわゆる「しごき」）を受けることもなくなります。厳しい指導を受けるのは、基本的には若くて伸びしろのある力士達です。大相撲という厳しい世界にはいますが、ある意味見放された状態で現役を続けることになります。

しかし、髷を結《ゆ》っていると人が集まります。力士であることは一つのステータスなのです。彼らは力士であることに別れを告げてしまうとこのような立場ではなくなることも知っています。７年前に出会った、とある序二段力士が「人脈を広げるために、もう少しだけ現役を続ける」と話していましたが、彼は今も現役です。

大相撲というのは、厳しい世界です。ただ、人によっては緩い世界とも言えます。そこには、この入門基準が大きく作用しているのです。

部屋としても力士がいることはメリットで、力士１人に対して年間で１８０万円の力士養成費と稽古場経費を貰うことが可能です。力士が少ない部屋はこの額が小さいため、厳しい経営を迫られることになります。幕下以下の力士が多い部屋はこの額が大きくなるという側面もあり、力士であることに心地よさを覚えている力士とこれらの費用が懐に入る相撲部屋との間でＷｉｎ－Ｗｉｎの関係が形成されることもあるのです。

かつては入門から一定期間を超えて幕下に昇進できない力士に対しては、力士養成費が打ち切られるという制度があり、多くの力士が角界から去っていたようです。遅咲きの力士の可能性を閉ざすおそれもありますが、一方で上位に昇進できない力士達に対して次の道を歩ませる意味合いもあるので、厳しくも優しい制度と言えるのではないかと思います。

力士達が前を向き、日々成長する姿を見ていきたい気持ちもありますが、もし彼らを特別視することがセカンドキャリアに進んでいくことの妨げになるのだとすれば、必ずしも応援し続けることが良いとも思えません。力士の人生をトータルで見た時にどうあるべきなのかを見つめ直し、必要に応じて制度設計を改めていくことも必要なのではないでしょうか。

Q15　力士はいつ、どのように引退するのでしょうか？　例えば年齢の壁や、あるいは一定の地位にいる力士がそこから陥落した時などの、決まったタイミングがあるのでしょうか。

他の競技であれば、契約してくれるチームがある限り現役を続行できます。例えばサッカーならＪ１でなくてもＪ２、Ｊ３、ＪＦＬや地域リーグなど、様々なカテゴリのチームが存在し、チームがオファーをして選手がそれに応じれば現役続行は可能な一方、トライアウトなどを受けてもオファーがなければ選手として活動することができず、引退という選択をしていくことになります。

言い換えると、こうしたスポーツでは契約してくれるチームがなくなるか、契約したいと思うチームからのオファーがないか、本人に現役続行の意思がなくなるかのいずれかで引退を決断するわけです。特にオファーがないというケースについては怪我や年齢といった部分がネックになるため、かつてのスター選手の落日《らくじつ》という形で悲劇的に語られることが多く見られます。年末恒例の、プロ野球で戦力外通告を受けた選手に密着する番組がまさにそれです。

ただ、大相撲の場合は事情が異なります。他の競技の多くは現役続行の前提としてチームに所属している必要がありますが、大相撲の場合、力士は相撲部屋に所属するものの契約を結ぶという関係性ではないのです。つまり、力士は引退を自ら決めるということです。

引退を決める理由については、上位の力士であれば体力の衰えや怪我によって地位を保てなくなること、下位の力士であれば上位に進出できる見込みがないことを自覚し諦めることが挙げられます。

上位の力士の引退については、私が子供の頃であれば例えば大関なら幕内、三役経験者であれば十両から陥落すると引退というイメージがありました。逆にこのラインを越えて現役続行する力士は異端であり、「昔強かった力士が幕下で相撲を取っている」とネガティブなニュアンスで語られていたことを記憶しています。

中でも鮮明に覚えているのが、栃赤城《とちあかぎ》です。全盛期は三役を守り「サーカス相撲」と称された力士で、数年前にブログの企画で「最強関脇は誰か」というデータを個人的に取っていた時にもその名前が浮上してきたことを覚えています。在位期間はそれほどでもないのですが、上位で2場所連続殊勲賞、前頭筆頭で10勝した翌場所に11勝したことがありました。実は幕内上位に在籍していた力士の中で、短期間でこれほど際立った成績を残しているのはかなり稀です。そのため「大関に迫った力士」ということでピックアップされました。思えば当時は、幕内上位で2桁勝利を2場所連続で挙げたような力士が幕下で相撲を取るような時代ではなかったのです。

昔は特にそうだったのですが、力士の引退に関しては「晩節《ばんせつ》を汚《けが》すな」ということを声高《こわだか》に主張する方がかなり多くいます。力士自身が何を優先し、どのような美学で決定しているかは定かではありませんが、結果的に最高位からそれほど乖離《かいり》が生じていない状態で引退することが多かったため、「晩節を汚すな」という彼らが言うところの美学に沿った形で行動していたことになります。

これについては見解が分かれるところではあると思いますが、私個人の思いとしては理解できる点もあります。というのも、私が子供の頃に一番強いと思っていた力士は千代の富士ではなく小錦だったからです。

相撲を観ていて子供心に、小錦はこんなに強いのになぜ優勝するのは千代の富士なのだろうと疑問に思うほど、小錦が勝つ時の相撲は圧倒的でした。小錦の台頭をメディアが「黒船襲来」と評した感覚については共感できるものがありましたし、どこかでその存在を畏怖《いふ》しながら、千代の富士を始めとする他の力士が安定して上位で成績を残せていることに安堵《あんど》している部分もありました。畏怖はしていたものの千代の富士が勝てているのであれば私の心配は取り越し苦労ということになりますが、小錦に土俵が席巻されたとしたら相撲そのものの秩序が壊れてしまうのではないか？　そんな疑問があったのです。

ですから、そんな小錦が結局横綱には昇進できず、徐々に体が動かなくなり、横からの攻めについていけずに黒星を重ねていく様には寂しさを覚えました。ただ、横綱ではないので大関から陥落しても現役を続行することもできる。当時は大関の地位を失うと引退する力士も多かったのですが、小錦は相撲を取り続けました。強さを取り戻してほしいという想いもありましたが、陥落後の小錦はさらに前に落ちやすくなりました。強かった時代の記憶が鮮烈だったからこそ、当時の小錦を観ているのは辛いという感情を抱くようになったのです。また、世論が「晩節を汚すな」という風潮だったことから、私も同じようにこの状態が続くのであれば現役力士としての小錦を観たくないと思うようになりました。私はこのような経験をしているからこそ、彼らの主張に１００％の共感はしませんが、大いに理解はできるのです。

ただ、時代は変わりました。引退については本人の意思を優先させるべきという声が強くなったのです。

それがいつからだったのか明確な潮目について考えてみましたが、長く現役を続行して下のカテゴリで生き様を見せることで、世間の見方を変えたパイオニアのような存在がいたというわけではないと思います。徐々に世間の価値観が「晩節を汚すな」という考え方に対して反旗を翻《ひるがえ》す割合が増えていった印象です。

決定的だったのは、サッカーの三浦知良選手です。50歳を超えても現役を続行する姿は日本代表でエースだった頃とは別物です。ただ、年齢からは考えられないパフォーマンスを見せ、周囲から何を言われても動じずに現役を続ける姿勢は潔《いさぎよ》いですし、そういう彼のことを否定するほうがカッコ悪く映ってしまうことも事実です。

全盛期とは異なる姿を見せながらも現役にこだわる力士は、かなり増えました。栃赤城の頃は稀だった三役経験のある幕下力士に、今では違和感を覚えることすらなくなりました。元関取同士の三段目での対戦も実現しています。幕下の人数は１２０人ですが、元関取が40人近く、その数3分の1近くにも及ぶことさえありました。

もちろん今でも、上位経験の長かった力士が十両を守れなくなった時点で引退するケースも一定の割合でありますし、大関からの陥落が決まった場所で引退を決めた豪栄道のような力士もいます。いわゆる「晩節を汚すな」という感覚に近いものを持ち、身を引くケースも多いです。ただ、現役を続行するという立場を取る力士も増え、考え方は力士や師匠、部屋などでそれぞれだと言えるでしょう。

そう考えると、照ノ富士は現役続行に対して寛容な時代になったからこそ再起できた力士と言えます。若くして大関に昇進し、スケールの大きな相撲で横綱さえ期待された力士でしたが、両膝に大怪我を負ってからは内臓疾患などを患い全盛期の相撲は見る影もなくなりました。元大関が序二段まで番付を落とし、師匠に引退の意向を伝えたこともあったと言われていますが、照ノ富士の場合は親方から慰留《いりゅう》されたというのです。もしこれが「晩節を汚すな」という観念が強い時代だったとしたら、果たして師匠はこの申し出に異を唱《とな》えることができたでしょうか？　私は照ノ富士が復活した姿を見ると、そんなことを思いゾッとするのです。

引退とはデリケートなものです。特に大相撲では一度引退すると現役復帰出来ません。だからこそ、決断には慎重になる必要があります。引き際に美学を求めるのも、現役続行にこだわりを見せるのも、今はどちらも可能な時代です。どんな判断をするにしても色々言う人はいます。周りの言うことに耳を傾け、考えを整理することは大事ですが、周囲の意見に振り回されないためにも自分を見失わず悔いのない決断をしてほしいと思います。

Q16　テレビなどで相撲部屋の稽古を観ていると、独特なトレーニング方法だなと感じます。例えばぶつかり稽古とかはちゃんと意味があって採り入れられているんですか？

私も相撲部屋の稽古を観に行く機会がありますが、とてつもなくキツそうに見える上に一見どういう効果があるのかよくわからないものは確かにあると思います。

稽古場の外でタイヤを引いて全力疾走したり、長時間四股を踏み続けたり、柱をひたすら押し続けたり（これは「テッポウ」と呼ばれるトレーニングです）、ペターッと腹が地面に付くまで股割りをしたり。思いつくトレーニングを挙げてみましたが、他のスポーツでポピュラーとは言えない、いや、行われていない練習を数多く採り入れているんです。タイヤ引きなんて私40代ですけど、子供の頃に既にかえる跳びと並んで前時代的だと言われていて、もうやっている人なんてほぼいなくなっていたくらいですから、異質であることは間違いないんじゃないかと思います。

ただ、じゃあこれらのトレーニングが非科学的で、効果に疑問符が付くかというと案外そうでもないのです。

ぶつかり稽古を例に取って説明すると、脇を締め、下半身を落として稽古相手にぶつかり、そのままぐーっと土俵際まで押し込む。受け止めた相手は土俵を割らず、押し続けさせる。無酸素運動でかつ推進力がなくなるので、ここからが厳しい。押しても押しても土俵を割ってくれないので苦しくなる。それでもなお押し込ませる。そして転がして、またぶつからせる。

この稽古の意義は人によって解釈が異なりますが、私が理解している大事なポイントを説明します。

まず、押すための正しい姿勢を体に染み込ませることです。

どのスポーツもそうなのですが、ある動作をするとどうしても体が楽をしたくなります。相撲であれば、押し込むにしても攻めを受けるにしても低い姿勢であることが大事なのですが、低い姿勢でいることは想像以上に身体にこたえます。ですから、つい腰が高くなってしまうのです。腰が高いと、相手を押すための力が入りません。また、相手が低く攻めてくると重心が上がってしまい、押し込まれることになります。幕内のトップ力士ですら、腰が高いことがウィークポイントになっている事例は多々あります。正しい姿勢を身に付けることは、それほど大事なことなのです。

また、負荷を掛けながら同じ動作をさせることによるメリットは他にもあります。追い込まれて消耗した時に、正しい姿勢のコツを掴めることがあるのです。余裕があると自分が今まで作ってきた型で押し込めるのですが、その姿勢が間違っていることがあります。しかし、それを指摘されても既に型になってしまっているので、口で言われても体で実践することがなかなか難しいのです。ですから、このような時に厳しい叱咤《しった》の声が上がります。

体力的に追い込まれると、体に力が入らなくなってきます。苦しい中で同じ動作を繰り返しているとパフォーマンスは落ちますが、力が入らなくなるので今までの無駄のあった無意識の型から解放されることがあります。ですから、ぶつかり稽古をしていく中でそれまで腰が高く、押しの型が不格好だった力士が限界を迎えた時、腰がぐっと入って押し込むことができるようになる。そんな光景を私は何度か目撃しています。

ぶつかり稽古にはこのようにトレーニングとして合理的な説明も可能なのですが、もう一つ大きな効果があります。それは、自信が付くということです。

この稽古は、稽古の最後に行われる最もハードなトレーニングです。基礎動作に始まり、実践稽古である申し合いや三番稽古を経て、肉体的にも精神的にも疲労のピークを迎えている時に行われます。ぶつかり稽古そのものがとてもハードであるにもかかわらず、このタイミングで行うのですから、それはそれはこたえます。力士達は体力の限界の中でぶつかり、転がされ、砂まみれになりながら息も絶え絶えにぶつかり続けます。

このような極めて厳しいトレーニングを重ねているのだという自負を抱くこと、そしてそれを経て成長できていると実感することにより、自信を持つことが可能になります。土俵の上で最終的に出るのは、人間性だったりします。取組中に不利な体勢になった時に慌てて悪《あく》手《しゅ》に出る機会も減りますし、攻め立てながらも弱気になり引きに転じて墓穴を掘るなんてこともなくなります。

ぶつかり稽古一つを取っても、前時代的に見えながらも理に適っていますし、精神的にも得るものがあることが説明できます。他の稽古については、タイヤを引くのは下半身に負荷を掛けて前への推進力を養うという目的がありますし、テッポウについては突きの基本姿勢を染み込ませるためのトレーニングです。四股は相撲特有の低い姿勢を維持するのに必要な下半身を作るためのものですし、股割りは攻め込まれた時に怪我をしないような柔軟性を養うために行われています。

長い歴史の中で培《つちか》われたノウハウというのは、当事者が理屈で理解していなくても分析すると案外合理的だったりすることがあります。門外漢の立場から見ると非合理的に映り、そのノウハウに対してダメ出しをしたり変化を求めたりしたくなるものですが、一度分析してからでも遅くはないと思います。

ただ、大相撲の稽古が合理的だからと言って、トレーニングが全て伝統的なものであるわけではありません。

例えば最近は、ウエイトトレーニングを行っている力士も多いです。私は両国に住んでおり近所のスポーツジムに通っていますが、有名力士が訪ねてきてベンチプレスなどのトレーニングに精を出している光景を目の当たりにすることがあります。また、バランスボールやウォーキング、エアロバイクなど、体を追い込むというよりは整えるようなトレーニングを行っているのも一つの特徴です。

そして、彼らは私などからすると到底想像も及ばないようなウエイトを上げており、筋力を上げるために相当追い込んでいることがうかがえます。そういった成果があってか、先日相撲協会公式ユーチューブにアップされた「力士の握力ランキング」という動画では正代が１００kgを超えるなど、並み外れた能力が数字からも立証されています。

相撲部屋によってトレーニングの考え方やノウハウも様々で、稽古に新しい要素を取り入れている部屋もあります。例えば高砂部屋では元ボディビルダーの朝鬼神《あさきしん》という力士がいることからボディビルの要素を採り入れているという話を伺ったことがあります。彼の入門とトレーニングの時期がリンクする形で、当時幕下として一進一退だった朝弁慶《あさべんけい》が十両昇進を決めたりと、結果に結びついていると言えます。

一方で「相撲の力は相撲で付ける」「ウエイトトレーニングの力は相撲では活きない」と考えて、あくまでも相撲の稽古にこだわる力士もいます。確かに大相撲の世界ではパワーが求められることもありますが、柔軟性もまた大事で、筋肉を付け過ぎた結果、しなやかさを喪失することにより瞬時の敏捷性が落ちたり怪我へのリスクが増すこともあり、その方法やどこまで筋肉を付けるかというバランスについてはまだまだ模索が必要ではないかと思います。

大相撲は平均体重160kg以上の大男が相手を土俵の外に出すか、倒すかというユニークな競技です。トレーニングに関しても他のスポーツで当たり前に行われている方法をそのまま採り入れるのではなく、そうした相撲の競技特性に合わせねばなりません。そのため、一見非合理的に見える稽古であっても、今もなお全ての部屋で等しく行われているものもあります。伝統の側面が色濃く見えることが相撲を相撲らしく映す結果になっているのかもしれません。ファンからするとそれは魅力的ではあるのですが、非合理的・前時代的と捉えられた結果、競技者として敬遠されてしまうおそれもあります。そういう意味では大相撲をトレーニングという側面から深掘りし、その合理性を広くアピールする必要があるのではないかと感じます。

Q17　力士達の一日の流れを教えてください。朝稽古をしてちゃんこを食べるみたいな漠然としたイメージはあるのですが、部屋によってスケジュールは違うのでしょうか？

相撲部屋の一日の流れについては、私も調べてみましたがどこもほとんど同じです。突《とっ》拍子《ぴょうし》もなく違うことをしている部屋の話を聞いたことはありませんし、おそらくそういう部屋があれば間違いなく話題にはなると思います。ただ、聞かないのでそれほど違いはないのでしょう。

というわけで、概ねどのような生活をしているのかを追ってみましょう。

・朝稽古

相撲部屋の朝は稽古から始まります。これに合わせて起床しますが、地位に応じて稽古の時間が異なります。土俵の準備は新弟子が行いますが、実践稽古である申し合いや三番稽古は下位の力士から順に行います。実力差があると稽古にならないからです。

序ノ口や序二段の力士の申し合いが終わるとぶつかり稽古を行い、次は三段目や幕下の力士の出番です。稽古が終わった下位の力士は場合によっては少し上位の力士と稽古をすることもありますが、基本的には「見取稽古《みとりげいこ》」という言葉があるように、稽古を見ながら技術を盗むことになります。

9時前後になると、白いまわしを付けた関取が登場します。下の力士はタオルや塩を持ち、関取の稽古に付き添います。土俵が乱れると整備します。自らの稽古ももちろんあるのですが、下の力士にはこのような役割が与えられているので、自分の申し合いが終わってもお役御免《ごめん》というわけにはいきません。関取の稽古が終わると、全員でムカデ（力士が隊列を組んで腰を落とし、ぐるぐると土俵を回る）や四股を踏み、終了となります。

なお、稽古の開始時間についてはかつて早朝に行われている部屋もあると聞きましたが、部屋によって状況は異なるものの今では下位の力士でも7時前後が多いようです。ただ、既に閉鎖されていますが貴乃花部屋の朝はとても早く、5時台からスタートしていたそうで、千賀ノ浦《ちがのうら》（現：常盤山《ときわやま》）部屋に統合されるに伴い力士達が開始時間の変更に戸惑ったという話もあります。

・昼のちゃんこ

稽古が終了すると、ちゃんこの時間です。11時前後にちゃんこを食べますが、親方と関取からです。地位が下の力士達は給士に徹し、彼らの食事が終わるまでは直立で待つことになります。

見た目上これは今の時代にそぐわないような、不平等を地でいくようなやり方と言えるかもしれませんが、不平等であるために力士たちは強くなろうとします。もし飯を食うのにも様々な不条理がなく給料も人並みだとしたら、強くなる動機が失われます。こういった不平等や不条理が大相撲の根幹だということをわかっているからこそ、人はこの制度を批判しないのです。

なお、この時に客人がいる場合は、彼らも先に食事をすることになります。私も経験がありますが、大きな力士達が空腹をこらえながら立っているのを見ると申し訳ない気持ちになってしまい、おかわりを勧められるのですが早々に席を立ってしまいました。おそらくそのほうがお互いに幸せなのではないかと、個人的には思います……。

そして、上位の力士の食事が終わると幕下以下の力士の食事の時間です。昔はよく関取や先輩力士が食べた後は具が残っておらず、鍋に残された汁を掛けて飯を食べたなどという話を聞きましたが、最近はそのようなエピソードを聞いたことがありません。弟子の数が減ってきていることも影響しているのかもしれませんが、そのような食事情では弟子が定着しないおそれがあります。いずれにしても、下の力士にとっては良い時代になったのではないでしょうか。

・自由時間

13時前後は自由時間ですが、昼寝をすることになります。一般的に食べて寝ると太るので避けるように言われることも多いのですが、相撲部屋ではこれを狙って行います。朝早くから体力の限界まで運動した後で、限界まで食べるのですから当然眠くもなります。非常に上手くできたルーティンです。

ただ、力士の多くが睡眠時無呼吸症候群なので、彼らはＣＰＡＰと呼ばれるマスクを装着して酸素を吸入することになります。また、体型的な問題からかいびきをかく力士も多く、なかなか寝られないこともあるそうです。

・16時以降

番付や立場によって過ごし方は異なりますが、若い力士は稽古場を掃除し、ちゃんこ番の力士は夕飯を作ります。関取は自由時間ですが、この時間に両国周辺のジムにいると有名力士に出会うことが多いです。

また、全体の稽古ではできない稽古をする力士もいます。興味深い例として、若手力士の協力を受け、あらかじめ背後を取られた状態から相撲を取るという独自の稽古を行う力士もいるそうです。そんな事態まで想定して稽古することにも驚きましたが、確かにこのような特殊な稽古は他の力士がいる中ではなかなかできないと納得させられました。

・夜のちゃんこ

有名な話ですが、力士の食事は１日２回です。回数を分けて多く食べたほうがいいのではないかと思うのですが、回数を減らすことによって体が飢餓《きが》状態になり、より多く吸収しようとする作用があるので、太るためには２回のほうが好都合なのだそうです。相撲部屋の生活サイクルは体を作るためにどうすれば良いか逆算し、最適化されていることが理解できます。これだけ合理的なシステムができていると、なかなか崩しにくいのではないでしょうか。

・自由時間／就寝

19時以降は自由時間ですが、この時間でも稽古やトレーニングに励む力士もいます。全体の稽古は確かに厳しいですが、全員が等しく行っているので差を付けるには自由時間を有効活用することが求められます。強い力士は若手時代に熱心に稽古していたという話をよく聞きますし、時間を大切にする必要があるのではないでしょうか。

ちなみに相撲部屋には門限があり、この時間を破るとエラいことになってしまうそうです。朝帰ってきた力士が翌日稽古場で大変なかわいがりを受けた、などという昔話も相撲関係の文献を読むとよく出てきます。だとすると夜遊びは割に合わない気もしますが、逆にそれほど生活が抑圧されているとも言い換えられます。

さて、このようなルーティンで相撲部屋の一日は過ぎていきますが、かつてこのルーティンが崩れる可能性のある出来事がありました。それは、ナイターでの大相撲開催です。

１９５５年九月場所にて、打ち出し（興行の終わり）を20時にして開催されたのです。しかし、横浜巡業では最近もこうした時間設定がありましたが、この１場所を最後に本場所でナイター開催はされていません。というのも、力士の多くが体調を崩してしまったのです。力士には力士のルーティンがあります。長年それに慣れてきているので、いきなりナイターで、しかも本場所中は毎日それを実践しなければならないとなると、適応するのがなかなか難しかったのだそうです。

現在の18時打ち出しという時間は、プロスポーツの興行として捉えると改善の余地があるように思えます。社会人の大半が平日の18時まで仕事をしているので、リアルタイムでの相撲観戦ができないからです。相撲人気の回復策として度々この提案がなされますが、そこで障壁となるのが、この１９５５年のナイター開催における失敗です。

相撲人気をさらに高めるためには一時的な問題が発生することは受け入れねばならないのかもしれませんが、ルーティンが理由ということになると、二の足を踏んでしまうのもある程度仕方がないことなのかもしれませんね。

Q18　スポーツには怪我がつきものですが、相撲の世界でも力士にとっての職業病はあるのでしょうか？

例えば野球だと肘の故障が職業病であり、トミー・ジョン手術を受ける投手が後を絶ちませんが、相撲にもそうしたものがあります。

力士は体を大きくしなければならないこと、プロテクターのような防護可能な装備を身に着けられないこと、大きな力士が立ち合いから全力で衝突する競技であること、また際どい勝負になると無理な体勢になってしまうこと……など、理由を挙げればキリがありませんが、職業病を患うリスクが大きい競技と言えるでしょう。

力士には大きく分けて病気と怪我の2つの職業病があると思っています。

まず病気のほうは、糖尿病と、痛風です。

力士の多くはこれらのいずれかを患うと言われています。食生活や生活習慣を考えると仕方のないことですが、体を大きくすることを前提とした競技なので、こうした病気を患わずに大きな体を維持することは困難です。サイズとキレを維持する目的で食べる量をあえて抑える力士がいることはＱ３でお話ししましたが、そこにはこうした病気のリスクに対するケアという意味合いも込められていると思われます。

糖尿病と痛風の怖いところは健康を損ない、場合によっては生命の危機に瀕《ひん》する恐れを持つところですが、力士にとって致命傷になるのは身体を維持できないことです。

何度も述べていますが、最近の大相撲は相手の当たりをある程度受け止め、自分の当たりを有効化するために増量することが求められます。言い換えると、体重を維持できないと闘えないのです。私がかつて応援していた力士もまた糖尿病を患い、体重が１２０kg台に落ちてしまいました。突き押しのテクニックは際立っていて相手を押し込むことはできるのですが、そこから土俵を割らせるところまで決めきれない。土俵際で捕まってしまったり、決めに行ったところをかわされたりという形での敗戦が多かったように記憶しています。

部屋付きの親方としてこの力士に関わった方と、彼の相撲について話す機会がありましたが、天才的な相撲を取るのにサイズがないので苦戦してしまう。あと20kgあればかなり違うのにと無念そうに語っていました。

糖尿病を患っても闘えるだけのサイズを保てる力士はまだ幸せかもしれません。問題は、体格面で致命的なビハインドを背負ってしまう彼のような力士です。サイズがあることが前提のスタイルである場合、工夫をするかスタイルを見直すかという判断に迫られます。しかし、スタイルを変えることは容易ではありませんし、サイズがない力士が工夫だけで勝てれば誰も苦労はしません。

　となると、糖尿病や痛風を患わずに体を大きくするか、小さな体でも闘える相撲を最初から取る方向でと考えたくなりますが、１００kgを超えるとそもそも体に負担が掛かりますし、競技の性格上、一般サイズの力士が相撲体型の力士に勝ち続けるのは困難なことです。ですから病気のリスクは承知のうえで、伝統的なライフスタイルで食事を取ることになるわけです。

　このリスクについては正直、現在のところ解決策が見当たりません。ルール設計上サイズのある力士が勝てる競技なので、ルールが変わらなければ現在の傾向は続くことでしょう。もちろん誰もが糖尿病や痛風が常態化している現状を肯定しているわけではありませんが、大相撲のダイナミズムの根幹には相撲体型というものの存在があるため、競技そのものの在り方を変えるのもまた非現実的です。

　この病の話になると、結局のところ現状維持せざるを得ないという結論になります。危険であることを理解していながら手が付けられないのはジレンマではありますが、今の相撲の形が魅力的だからこそ離れられないので、複雑なところです。

一方、怪我については様々な部分を痛めますが、最近最も大きな問題になっているのは膝ではないかと思います。

やはりこれも力士の大型化が主な要因なのですが、大きな力士同士がぶつかり合うと、最初は互角でもどうしても有利不利が出てしまいます。不利な力士は体勢を崩しやすく、それでもなんとかしようとしますから、無理な体勢で堪《こら》えることになります。場合によっては足首や腰にピンポイントで負荷が掛かることもありますが、このような場合の大半でダメージは膝に集中します。

膝の怪我が起こりやすいのは、上位に番付を上げて間もない時のことです。素質がある力士は体と技が完成していない状態でも能力の高さで番付を駆け上がることができます。未完成の力士が上位の力士と対戦するとどうなるか。大きな力士の速くて重い攻めに対応できないのです。経験がないので力の逃がし方や負け方、そして勝ち方がわかりません。モロに攻めを受けることもありますし、能力の高さゆえに無理な姿勢でも体を残そうとしてしまいます。危ない相撲を取り続けても運よく回避できることもありますが、上位陣に対応する前に多くの力士が壊れてしまうのです。

そして膝の故障のもうひとつ怖いところは、無理をすれば出場できてしまう点です。怪我をして長期間の欠場を余儀なくされるとすれば、しっかりと完治を目指すことになります。前述の野球のトミー・ジョン手術をした選手は、必ず全力でピッチングできるところまで1年以上の時間を掛けてリハビリを続けます。例えば所属チームが優勝争いをしていて、投手力が不足しているからという理由で回復途上の選手を起用することはありえませんし、選手自身そのような発想にはなりません。それは、目的が完全復活だからです。

しかし、大相撲の世界では番付が全てです。給料も待遇もすべては番付で決まります。一度番付が上がると、落としたくはないのです。番付を上げることがモチベーションだった力士に対して周囲が完治を求めることは簡単ですが、力士がそれを受け入れて完治させるかと言えば、そうではありません。

膝を痛めた場合、完治していなくても相撲を取ることができます。もちろん完璧な状態ではありませんし、これには条件が付きます。攻めることはできるのです。前に進む力は、ある程度の回復でも得られます。ですから、自分の相撲が取れれば膝を痛めていても勝つことができるのです。

最大の問題は、膝を痛めると攻めを受けられない点です。

攻めている時は良いのですが、攻守が逆転すると非常に苦しい相撲になります。受け止めて凌ぎ、体勢を立て直して逆襲することができません。強いて言うなら、攻められながらも相手の力を逃がす余裕を残し、土俵際での逆転を狙うという方法も残されていますが、いつもそれが上手くいくわけではありません。膝を痛めた状態での守りの相撲は、選択肢が限られてしまうのです。

ただ、このコンディションでも勝てないことはないし、負け越してもそんなに悲惨な結果にはならない。もう一つ付け加えると、出場して治すという考え方がまだ色濃く残っていることも力士を出場に走らせてしまうと個人的には思います。出なければという使命感と、出場させるという義務感。そして、出場すれば歓声と共に迎えるファン。力士を出場に走らせる要素が揃っているのです。

慢性的に膝痛《しっつう》を抱える力士が苦闘する現状が将来への可能性を閉ざしている。力士本人も休めばパフォーマンスが戻ることを理解しながらそれをしない。解決策があるとすれば、大きな怪我をした力士の救済制度である「公傷制度」を作ることではないかと思います。力士は休めないから出場するのです。自身も師匠もファンも手負いの状態ながら出場に追い込まざるを得ないのであれば、出場しなくても済む仕組みを作ればよいということです。

こうした公傷制度の導入については度々議論になるのですが、相撲協会は現実的に検討を進めません。それも問題だと思いますが、相撲協会には相撲協会の事情がありますし、考え方があります。

力士を守るための制度を作ったほうがスター力士を守れるし、新たなスターを生み出すことができるのに、それをしない。果たして制度設計についてどのような課題があり、それをどう解決するか？　ということについてはQ28にてより詳しく話したいと思います。

Q19　力士ってどんな時に人気に火が付くんでしょうか？　時々、そこまで強くなくても人気の高い力士もいると思うのですが。

大相撲で人気に火が付く時って、カテゴリ分けできないほど様々な要因があると思います。ただ、一つ言えるのは人気が出る時はいずれも、なんらかのきっかけで注目が集まっています。そして、この「きっかけ」が実に多岐にわたるのです。

最も単純にしてわかりやすいきっかけは、力士として強くなり番付が上がって注目を集めるパターンです。番付表を見ての通り、大相撲とは強さが全てです。勝った力士が偉く、下の力士は上位を倒すことに執念を燃やしています。ですから、強い力士はカッコよく映るのです。地位が上がると風格も出てきますし、何より土俵上で優れた技を見せる姿は魅力的です。他の世界では実力があっても妙に人気が出ない選手やタレントがいるかもしれませんが、相撲界で強いのに不人気な力士はほぼおらず、横綱として強すぎる時に少し落ち着き、対抗する他の力士に人気が分散することがあるくらいです。こうした例を除いて、強ければ必然的に人気が高まる世界と言えます。

類似のケースとしては、将来性がある力士が台頭してきたパターンが挙げられます。大相撲の世界では実力があれば18歳での十両昇進や20歳での幕内昇進のように、比較的若くても出世することができます。また、このように出世の早い力士が今まで大相撲の歴史を作ってきたということもあり、期待値が高まる傾向にあるかと思います。そういう意味で考えると、大卒の力士が台頭してくるよりは叩き上げの力士が上がってきた時は若さから別種の盛り上がりを見せるところがあります。

また、今の大相撲ではさらにその傾向が強まっているように感じます。というのも、白鵬の牙城《がじょう》を崩して新たな時代を切り開く力士がなかなか現れないからです。白鵬が休場すると誰が優勝してもおかしくないとはいえ、結局のところ絶好調の白鵬を上回る力士はいまだにいないのが実情です。かつてほどではないにせよ、どこか大相撲全体が停滞している感覚を皆が持ってしまっており、この状況を打破する力士の出現を期待するのですが、なかなか叶わない。ですから、新しい力士が頭角を現してきた時はどうかひいきの引き倒しにならないよう、程々に注目していただくくらいがちょうどいいのではないかと思います。

　他には、ルックスがきっかけで人気になる力士もいます。遠藤や炎鵬がその典型例ですが、私が子供の頃と比べるとルックス先行のタイプの力士はかなり減っているような気がします。好まれるルックスが昔と今ではかなり変わってきており、世の中全体で精悍《せいかん》で男性的なタイプが好まれていた頃は力士との親和性が高かったため、ルックスをきっかけに人気になりやすかったと思いますが、中性的な男性を好む傾向が加速度的に高まっている現在、このタイプは大相撲の世界にあまりいません。隠岐《おき》の海《うみ》のような昔ながらの精悍なタイプはルックスに言及されることもありますが、これがきっかけでの人気というよりは、あくまで付帯的な要素に止まっているように思えます。

ルックスの観点で大相撲独自の人気要因として挙げられるのは、カッコよさというよりはかわいらしさや親しみやすさといった要素です。個人的に意外だったのが、この点において千代丸が注目を集めたことです。幕内に定着した頃に大砂《おおすな》嵐《あらし》とじゃれあう姿がＳＮＳで度々紹介されたことがきっかけでしたが、ルックスという全く意外な方向から千代丸がブレイクし、ＣＭにも起用される存在になったことには驚きました。こういうこともあるんですね。ちなみに似たようなパターンで注目された力士としては、犬に似ていると度々ＳＮＳで言及され「わんわん」なるニックネームもある鶴竜や「おにぎりくん」という愛称が定着した隆の勝、ＡＢＥＭＡでは事あるごとに「マッコ」と書かれるマッコ・デラックス似の宝《たから》富《ふ》士《じ》辺りが思い浮かびます。

また、キャラクターに面白みがある力士も多く、インタビューがきっかけでその部分が明らかになりブレイクするパターンもあります。このパターンは大きく2通りあり、自らキャラクターを演出できる力士と、特に本人には演出する気がないのにキャラクターがにじみ出てきてしまう力士に分けられます。

前者で思い出されるのは安美《あみ》錦《にしき》と豊《とよ》ノ《の》島《しま》です。このタイプの力士は求められている役割がわかっているし、どう見せれば視聴者が喜ぶかを知っているのでバラエティ番組を筆頭にメディア出演で大活躍することになります。軽快なキャラクターが世に知られ優勝インタビュー時に投げキッスをした御嶽海や、優勝インタビューで冗談を言えるようなキャラクターが広く知られることになった徳勝龍もこれに当てはまると思いますが、豊ノ島の後任ポジションは空位が続いている状況です。

後者の代表格は、少し前の力士で言えば輪島や高見盛《たかみさかり》です。彼らの場合は周囲が何を聞いてもこちらの予想を超えてきます。このようなタイプの人間は一定数存在しますが、それが力士となると面白みがさらに増します。豊ノ島とは別種の面白さのジャンルで、一般的にはこちらのほうがウケも良く、ＣＭやバラエティ番組などのオファーが来やすいように感じます。そのため相撲に興味がそれほどない場合、力士と言えばこのタイプが思い浮かぶ方も多いのではないでしょうか。現役だと逸ノ城や阿炎《あび》がこのタイプに属すると個人的には思います。

最後に、ひょっとすると最近一番多いのが、全く予想できないきっかけで特異なキャラクターが知れ渡るパターンかもしれません。おそらく力士を語るうえでちょっと変わったポイントを知ろうと観ている側も報じる側も注力していて、両者が上手く混ざり合った結果ではないかと思います。ＮＨＫというよりはＡＢＥＭＡで発信された情報を視聴者がツイッターなどのＳＮＳから拡散して広く知れ渡り、面白がられています。

代表例は、正代です。新十両昇進の記者会見で対戦したい力士について聞かれた時に「できればみんな当たりたくない」と話したことがきっかけで、彼を語る代名詞として「ネガティブ」というワードが話題になりました。これ以降も白鵬との対戦を前に「怪我なく生還したらいいんじゃないですかね」というコメントを残したり、何かとネガティブなキャラクターに結びつけられることが多く、またそれゆえに正代という力士が語られる機会が増えて知名度の向上に一役買いました。

世の中が大相撲に限らず面白い事件、映像などを手軽に求めている時代なので、力士というイメージから離れたキャラクターが変わったエピソードを持っていると、特に拡散されやすい印象です。また、力士は固定観念ありきで語られやすい存在なのでイメージとのギャップが生じやすく、変わった特徴が出てきた際に「〜過ぎる力士」というタイトルにしやすいのです。

正代のことを「まさよ」と言ったり宝富士のことを「マツコ」と呼ぶ人が多いのは、その存在が世間に浸透している点では肯定したいのですが、使い方によってはちょっと違うのではないかと思うこともあります。人気が出ることも注目されることも、相撲が今やマイナースポーツであることを考えると良いことではあるのですが、一方で力士に対するリスペクトは忘れずに節度を持って彼らのことを楽しみ、愛でてほしいと思います。

Q20　よく「横綱の品格」という言葉が使われますが、横綱ってそんなに凄いのですか？2番目の地位である大関と比べると、どのくらい違うのでしょうか。「大関の品格」とは聞いたことないですが……。

「横綱の品格」という言葉がクローズアップされたのは朝青龍が不祥事を起こしていた頃なので、長年叫ばれていた概念というわけではありません。ただ朝青龍の素行に問題があり、横綱は本来リスペクトされる立場でありながらそれができていないと批判する時に注目された言葉ではないかと思います。ただ、威厳《いげん》や崇高さは元来横綱に求められてきたものであり、横綱推挙の条件として以下の文言が規定されています。

・品格・力量が抜群であること

・大関で二場所連続優勝、またはこれに準ずる好成績を挙げること

横綱は強いだけではなく、人間性が求められる立場だということがわかります。とはいえ、特に問題を起こさなければ品格面は障壁にはなりません。あくまでも品格が問われるのは何か問題が起きた時です。「品格が抜群」であることが横綱推挙の条件にはなっていますが、品行に取り立てて問題のない力士に対して品格面での苦言が呈《てい》される様を少なくとも私は見たことがありません。

品格という言葉自体は近年話題になったものですが、横綱が問題を起こした例は今に始まったことではありません。

戦後の横綱だけにフォーカスしても、１９４９年に前田山《まえだやま》が秋場所休場後に日米野球の観戦に出掛けたことが問題視され、出場停止処分を科された後で引退届を提出したことがありました。また、１９６５年には大鵬と柏戸が一時期拳銃を不法所持していたことが明らかになった事件もありました。ハワイ巡業の際に持ち帰って所持していたのですが警察の取り調べが怖く、隅田川に捨てたという供述があったとのことです。他にも、引退後ではありますが１９８５年には元輪島の花籠《はなかご》親方が売買を表向き禁止されている年寄株を借金の担保に入れていることが判明し、退職したということもありました。

その他には、１９８７年に双《ふた》羽《は》黒《ぐろ》がおかみさんを突き飛ばして部屋を飛び出し、そのまま廃業した事件もありました。これを見ると貴乃花の整体師による洗脳騒動など、小さなことのように思えてきます。朝青龍に限らず歴代の横綱の多くが、かなり大きな問題を起こしているのです。

少し長くなりましたが、横綱の品格というのは古くて新しい問題です。右に書いた横綱のトラブルに匹敵するものを現役の大関が起こしたことはそれほどなく、琴《こと》光《みつ》喜《き》が２０１０年に野球賭博への関与が判明して解雇されたことくらいかもしれません。なぜ横綱がこれほど問題を起こすのかという問いに対する明確な答えはありませんが、大関はさほど問題を起こさないのに横綱が起こす点から、横綱の地位が人を惑わせるのではないかという仮説に行き着きます。

考えてみると、横綱というのは孤独な立場です。何しろ大相撲の歴史の中で過去に72人しか存在しないのです。

大関が2場所連続で負け越すと陥落するのとは異なり、横綱の地位が成績によって落ちることはありませんが、成績不振が続けば残された道は引退のみです。休場しても地位が守られる一方、次の出場で振るわなければ大きな批判を受けることになります。休めるということは横綱を守ることにも繋がりますが、横綱を追い込む大きなリスクでもあるのです。

横綱の平均成績は1場所あたりおよそ11勝です。そして何度かアンケートを取りましたが、横綱として人々が求める成績は12勝です。要は、出場するからには優勝を争うレベルの成績が求められるのです。実際の成績を見るとそこには及びませんが、言い換えると優勝争いを常にできる程度の力士が横綱を張っていることになります。

これがどれほど高い水準なのかを考えるうえで比較になるのは、大関の成績です。大関については平均成績が大体9勝です。成績が悪い大関のことを9勝6敗を略した「クンロク大関」などと揶揄《やゆ》することもありますし、この言葉が独り歩きしている節はありますが、どの程度横綱と強さに違いがあるか、数字で見てみましょう。

例えば２０２１年1月現在の大関の目線に立つと横綱は2人、大関は自分以外で2人います。大関の対横綱の勝率は約3割。2番目に強い地位でありながら、大関は横綱と対戦すると3回に1回しか勝てないのです。これだけでも横綱との実力差がどのようなものかおわかりいただけるかと思いますが、続けます。対大関の勝率は当然5割。つまり、横綱大関戦は2敗で済めば御の字、3敗することも想定内になります。大関の関脇と小結に対する平均勝率は6割ですから、2勝できれば平均値、3勝で上出来となります。これを見ると大関ですら上位との対戦だけで、好成績であっても3敗はしてしまうわけです。横綱が平均で11勝をしているのがどれだけ異次元のことか理解できると思います。平均勝利数で見ると9勝と11勝ではあるのですが、現実に勝敗を計算してみると、そのハードルは大きく異なるのです。

さて、横綱に求められ、彼らが実際に残している成績を見ても優勝争いは大変なことだとおわかりいただけると思います。横綱に昇進した後でこれほど高いハードルを設定され、そして毎場所のように達成していく。もしこれ以下の成績であれば批判は避けられません。平均成績が11勝といいましたが、「イレブン横綱」というレッテルを張られた横綱も過去にはいました。

しかも、大相撲にはシーズンオフがありません。本場所の1カ月半後にはまた次の場所がやってきます。ノルマを達成しても、次の場所で低迷すれば前の場所での活躍が論じられることはもうありません。活躍して当たり前、活躍しなければ立場が危うくなる。この重圧と常に闘い続けなければならないのです。

　一方で、横綱は昇進すると自分を律するのがとても難しい地位と言えます。横綱に上がると師匠と対立するケースも少なくありません。師匠という立場と、弟子でありながら横綱という力士の中では頂点の立場。強い上下関係で始まった関係性が、横綱になることによって崩れます。師匠に対するリスペクトと信頼関係があれば乗り切れるのかもしれませんが、歴史的に見てもそうは中々上手くいきません。そして先輩力士との関係性も当然変わりますし、後援会など周囲の人々との距離感も変わります。

　厳しい立場であることにより心身が激しく消耗することと、角界の頂点であるために自分を甘やかす選択肢も生まれてしまうこと。両方が重なった時に、横綱は問題行動に走ってしまう。だからこそ横綱を推薦するうえで「横綱審議委員会」が誕生し、実力とその品格を精査し、昇進後の横綱についても成績と動向を議論の対象としているのです。横綱審議委員会という組織も相撲協会並みに批判を受けることが多いのですが、存在意義を考えると実に理に適っていると言えます。

　品格という言葉で横綱を律するようになったのは最近のことですが、大相撲の顔だからこそ問題を起こすことがあってはいけないのは間違いありません。しかし、横綱という立場の大きさがどうしても力士を惑わせてしまう。これは歴史的に繰り返されていることなのです。正論を並べて角界の頂点をやりこめるのは気が向かないことではありますが、一つの不祥事が力士と大相撲を追い込むような時代だからこそ、品格は大事にしなければならないのではないかと思うのです。

Q21　どんなスポーツでも審判は重要な存在で、その判定が時に勝敗を大きく左右します。相撲の行司についてはこの点、どうなんでしょうか？

競技によっては審判の質によってゲームが締まったり、時に壊れたりすることが確かにあります。昔のワールドカップであった、マラドーナのいわゆる「神の手」が伝説のように語られていますが、冷静に考えると単なる誤審ですからね。人の目を介する以上そういった不完全なジャッジは避けられず、そこからドラマが生まれることはありますが、不利益を被《こうむ》った側からするとたまったもんじゃありません。

さて行司の質という話ですが、行司とは取組を裁き、勝負が決したタイミングでどちらが勝利したかをジャッジする立場であることは間違いありません。しかし、おそらく多くの方が誤解している点があると思いますので、最初に説明します。

勝負の最終的な決定権は、土俵下の勝負審判にあるのです。

ピンと来ない方もいるかもしれませんが、勝負が決したと思われるタイミングで行司は勝ったと思われる力士がどちらなのか軍配で示し、特に異議がなければ行司の示した通りの判定で取組が終わります。これが取組の大多数を占めます。

ただ、大相撲ではどちらが勝ったかが微妙な時があります。このような時は東西各１人、行司溜《ぎょうじだまり》２人、正面１人の勝負審判のいずれかが手を挙げます。ここからが大事なのですが、この判定については５人の勝負審判が協議します。そして行司は意見を述べられますが、評決には参加できないのです。

ここからもわかるように、大相撲の判定は行司の技量にのみ依存するものではありません。

さらには、勝負審判以外にも判定に物言いを付けられる者がいます。それは、控えの力士です。手を挙げることは稀ですが、有名なのは２０１４年五月場所12日の鶴竜と豪栄道の取組で豪栄道に軍配が上がった後、勝ち残りで土俵下にいた白鵬が手を挙げ、勝負審判で協議した結果、はたき込んだ際に髷掴みがあり、鶴竜が反則勝ちになったことがありました。これ以外にも１９９６年一月場所９日目に土佐ノ海《とさのうみ》と貴闘力《たかとうりき》の取組の際に貴ノ浪《たかのなみ》が手を挙げ、貴闘力の勝利となったこともあります。

選手が判定に異議を唱える様子は様々なスポーツで見られますが、勝負とは直接関係のない選手が判定に異を唱える権限を持つ競技はそれほどないと思います。


また、大相撲は一説によると世界で初めてビデオ判定を導入した競技と言われています。きっかけとなったのは１９６９年三月場所の横綱大鵬と戸田《とだ》の一戦でした。大鵬に軍配が上がりましたが、物言いが付き、大鵬が土俵を割るのが早かったとして行司差し違えで戸田の勝利となりました。

この判定が物議を醸したのには理由があります。大鵬の46連勝の記録が懸かった一戦だったのです。そして、テレビ中継の映像では戸田の足が先に出ている様子が映し出されていました。そのため、「世紀の大誤審」だと大騒ぎになりました。

そして、相撲協会は翌五月場所からビデオ判定を導入しました。騒動から導入までのスピード感には驚かされますが、もう一つ驚くのは大相撲という日本古来から行われている競技が最先端のテクノロジーという相反する要素を採り入れたことです。

野球やサッカーでもビデオ判定の導入はかなり前から必要性が叫ばれていましたが、審判の権威という観点や競技が変質する可能性を考慮され、なかなか実現に至らなかった経緯があります。事実、どちらの競技もビデオ判定導入後は変わった部分があります。サッカーではペナルティエリアでのファウルがＰＫになるので、ハンドや相手を倒すプレーに対して以前よりも敏感になっています。また、野球でもアウトかセーフの判定で微妙なものがあれば積極的にチャレンジをするようになりました。

　競技としての変質は、大相撲では最も嫌われることです。ゆえに大相撲の世界では問題が起きてもなかなか改革が進みません。大相撲で何かが変わるのは大抵、変わらざるを得ない事件が発生した時なのです。変わらざるを得ないほどの大きな事件が起きても対応が遅々《ちち》として進まず、気が付いたら問題すら忘れられているなんてことも少なくありません。

　このような体質の相撲協会が、このビデオ判定導入に関しては問題の発生した翌場所に、しかもスポーツ界でも最速と思われる早さで導入を決定したのは本当に異例のことではないかと思います。当時の相撲協会の立場を想像すると、勝負の判定の信頼性を高めることが重要だと感じていたからこそその素早い対応だったのでしょう。

　ただ一つだけ補足をしておくと、ビデオ判定はあくまでも参考に使うものであり、ビデオで映し出されたものが全てではありません。とはいえ、ビデオが決定的なシーンを映し出しているのであれば、概ねこれに沿った判定が下されることにはなります。

ここまでの話をまとめると、大相撲では行司が最初に勝敗の判定を示しますが、最終的な判断は土俵下の勝負審判が下すため、行司の判定と異なる可能性を感じた場合は審判・控えの力士が手を挙げ、5人の審判と行司がこれを協議します。また、この判定の参考材料としてビデオが用いられることもあります。

ここからわかることは、行司の裁定で不備が生じても多くの目で穴埋めをすることが可能なことです。本来は行司の裁定だけで正しく勝敗が決すれば良いのですが、実際はかなり難しいところがあります。力士の動きは速いですし、際どい勝負になる時もあります。また、行司の立ち位置によっては勝負が決した瞬間を視認しづらいこともありますし、全く予想をしていなかったタイミングで実は勝負が決していることもあります。行司だけでは難しい部分もあるため、判定の精度を上げるためにこのようなシステムを採用しているのではないでしょうか。

行司に依存しないシステムは確かに競技の質を高めるうえでとても大事なことではありま

すが、だからといって行司の判定の精度が低ければ興ざめです。何度も差し違えが起きてはそもそも行司の存在意義が問われることになります。

もちろん行司としても自身の裁定に対して覚悟と誇りを持っています。最高位である立《たて》行《ぎょう》司《じ》は短刀を差しており、その由来は諸説ありますが一説には差し違えた時に切腹をする覚悟を表していると言われています。また、立行司が差し違えた場合、相撲協会に進退《しんたい》伺《うかがい》を出すことが慣例となっています。実際にこれが受理されて退職することはありませんが、体制に依存しないだけの研鑽が求められ、職務を遂行していると言って良いでしょう。

ここまで行司を中心に、大相撲の勝敗の判定については体制が成熟しているということを話してきましたが、一つ個人的に気がかりなのが、行司の年齢です。行司は年功序列ではなく、成績評価基準に基づき昇格が決まることにはなりますが、立行司の41代式守《しきもり》伊《い》之助《のすけ》は１９５９年生まれ、三役格の６代木村《きむら》玉《たま》治郎《じろう》は１９６０年生まれ、３代木村《きむら》容堂《ようどう》は１９６１年生まれ、15代木村《きむら》庄《しょう》太《た》郎《ろう》は１９６３年生まれ、木村《きむら》晃《こう》之助《のすけ》は１９６５年生まれです。

これに対する一例としてサッカーを見てみると、２０２１年１月現在、ＪＦＡでプロフェッショナルレフリーとして認定されている中で50歳を超える審判は１人だけです。また国際審判員の大部分は30代で、40代前半が数名という構成です。サッカーと相撲では長距離を走ることが求められたりと資質が異なることは当然あるかもしれませんが、一般的に肉体的な機能のピークが大きく落ちる年齢の行司による判定がベストかというと、これには疑問が残ります。

行司も場内アナウンスをしたり、番付表などに相撲字を書いたり、土俵祭を行ったりと様々な職務を担っています。そのためジャッジの正確性だけを評価基準にはしづらい部分もありますし、何より初めのほうは若手が、そして徐々に年齢の高い行司が登場してきたほうが見た目の部分で威厳が生まれるのではないかという個人的な感覚もあります。今のところは、上位の取組になるにつれて目に見えて差し違えが多くなることもないですし、勝負の判定の面で問題が顕在化しているというわけではないので、現状維持でいいのかもしれませんね。

第3部　変わる相撲界

Q22 大相撲って若い人の間で今、それほど観られていないと思います。相撲界は人気回復、知名度向上のためにどんなことをしているのでしょうか？

今の時代は趣味が多様化しているので、大相撲に限らずあらゆるジャンルで新規ファンの獲得と既存ファンの興味の継続については死活問題です。有名なところではＪリーグですらファン層が徐々に高齢化していると言います。日本代表の試合やワールドカップとなると国民的な関心が高まるのですが、その土台とも言えるＪリーグには興味が向かないのです。

プロ野球も然《しか》りです。ペナントレースの地上波での放送はほとんど姿を消しました。今や放送時間の延長で後続の番組が割を食うこともありませんし、チャンネル争いで親子が険悪になることもなくなりました。良いような悪いようなという気分ですが、大相撲にもＪリーグにもプロ野球にも共通点があります。

それは、日本の国内スポーツだということです。

今やスポーツを観る際の関心事は「世界と日本、世界で日本人がどれだけやれるか」にシフトしています。プロ野球のニュースは確かに時間枠が取られていますが、ＣＭや広告に登場する野球選手は大谷翔平や田中将大《まさひろ》（現・楽天）といったメジャーリーガーです。「トリプルスリー」が流行語大賞を受賞しても山田哲人や柳田悠岐の顔は見かけませんし、「神ってる」が同じく流行語になっても鈴木誠也がＣＭに引っ張りだこになることはありませんでした。その競技の世界での話題をさらうことはあっても、競技の枠を超えた存在になれるかというとそうではない。それが国内スポーツの厳しい現状なのです。

ただ、大相撲に目を向けるとプロ野球やＪリーグよりも遥かに恵まれている点があります。それは、ＮＨＫで毎場所大相撲中継が毎日放送されることです。あらゆるスポーツの中で、全ての試合を地上波で放送しているのは大相撲くらいです。強いて言うなら競馬中継がそれに当たるかもしれません。

人気獲得のために、他の競技は様々な施策を打ちます。新日本プロレスは今も深夜枠での放送こそありますが、地上波でのゴールデンタイムの放映は悲願だと聞きます。それほどまでに地上波での放送というのは人気の獲得と維持に大きな効果があると誰もが認識しているのです。ただ別の見方をすると、他のスポーツが喉から手が出るほど欲しい放送枠を既に持っているというのに、大相撲は新しいファンを獲得するのに苦労しているわけです。個人的には、これは実はかなり苦しいことではないかと思っています。

考えてみると、相撲協会は人気獲得のために実施すべきことは既にある程度着手しています。

例えば、ＳＮＳの活用です。ツイッターやインスタグラムに公式アカウントを持ち、情報発信を積極的に行っています。ツイッターのフォロワーは36万人を超え、既に多くの方がこれを見ている状態です。本場所の開催や力士の出演情報、出版物の発行情報といった大相撲に関する情報をキャッチできるという意味では有効です。

そして、これらの公式アカウントが面白いのは、いわゆる「攻めた」発信もしている点です。例えば巡業や稽古場での写真を掲載することもあるのですが、かなり砕けたオフショットを織り交ぜてくるのです。相撲協会と言うと保守的なイメージを持たれる方も多いかと思いますが、そのイメージの間隙《かんげき》を突くような発信が行われるので相撲に興味のない方からすると驚きをもって受け止められることになります。そしてその効果もあってか、相撲ファンだけではなく一般層を巻き込んで相撲協会公式アカウントのツイートがバズることもあります。多くの企業が自社のＳＮＳアカウントで攻めた発信をすることで多くの方の目に付くようにと工夫されていますが、相撲協会のSNSは元々抱かれているイメージを逆手にとってそれを裏切るという手法が功を奏していると言えます。

また、動画の配信も積極的に行っています。2010年以降では媒体を変えて本場所の取組をリアルタイムで発信しています。ニコニコ動画、Ustream、スポナビライブ、そして今はABEMAでの放送が場所中は毎日実施されています。今の世の中テレビを持たない方も多いですし、持っていてもほとんど見ないという話もよく聞きます。地上波での中継は確かに多くの方に訴求可能なものではあるのですが、テレビだけでは拾いきれない層がかなり増えているのも事実です。そのため、テレビ以外での相撲中継のリアルタイム配信は必要不可欠と言えます。このような環境での視聴者層に応えるために、かつて「ニコニコ超会議」に参加し、幕張メッセで相撲を取ったこともあります。世間の需要が変わっていることについては既に把握して、施策を打てていると言って良いでしょう。

加えて、ファンサービスもかつてと比べると充実しています。出待ちをしているファンに対して積極的にサインにも応じますし、写真撮影も引き受けてくれます。自ら積極的にアプローチできないファンのために、巡業などでは力士ごとにブースを作って握手会のような場を設けることもあります。力士と触れ合えるのはファンからすると嬉しいことです。201

０年前後の角界の不祥事発生後に一つの施策としてファンサービスの充実の必要性が叫ばれ、それまでは意識していなかったことを積極的に行うようになったという経緯があります。

大相撲は元々、ファンとの距離が近いという特徴があります。両国国技館では入り待ち・出待ちの場でしかそれを感じられないかもしれませんが、地方場所になると大きく変わります。本場所で使う通路は観客と同じものを利用しているので、目の前を人気力士が通過することもあるのです。また、これは名古屋場所に限るのですが愛知県体育館の中の「オリンピア」という食堂を力士が利用することもあるので、隣で食事をする力士に遭遇する可能性もあります。先に挙げた大相撲の様々な取り組みは、こうした特性を活かした施策と言えるのかもしれません。

付け加えると、大相撲は本場所の開催を東京・大阪・名古屋・福岡の４か所で行っていますが、これ以外の地域のファンも間近で相撲を観戦することが可能です。本場所の間に地方巡業をしているのです。

巡業は幕内・十両の力士が基本的に全員参加します。幕下以下の力士はある程度限定されていますが、取組もさることながら床山《とこやま》（力士の髷などを結い上げる職業の人）による髪結いの実演や呼出による太鼓の実演、そして相撲の反則をコミカルに紹介する「初っ切り」も行われます。本場所のピリピリしたムードとはだいぶ異なり、力士達がニコニコしながら相撲と地方を楽しむようなものなので、和やかに楽しく相撲が観られる構成になっています。

また、巡業では子供達が関取と対戦する場も設けられます。幼稚園や小学校低学年の子供達が数人で大きな力士と闘うことになりますが、当然普通にやって勝てるはずがありません。しかし、野球の始球式のように関取たちは子供たちとの対戦を上手く盛り上げる術《すべ》を知っているので、全く押せないように見せておいて最終的に負けるような形で取組が終了します。少年力士にとっては一生の思い出になりますし、何よりも彼らがこの後相撲を競技として続け、大相撲の世界を目指す一つのきっかけになることもあるのです。

国内競技はどれもファンの獲得・維持が大変な状況ではありますが、大相撲は比較的恵まれている上に、知名度向上のための施策がある程度実施できているというのが個人的な感想です。どちらかと言うと施策が後手になりがちな相撲協会なので、もっと何かできるのではないか？　と私自身想像していたのですが、検証してみると新しくできることはそれほど残されていないのかなとも思います。

何よりも、人気獲得のための巡業やファンサービスなどは現役力士や親方に掛かる負荷も大きく、これ以上何かをするとなると新たな負担になります。力士はただでさえ怪我が多く、また巡業があると稽古やメンテナンスの時間が取りにくくなるのに、まだ何かを強いると肝心の本場所のパフォーマンスに影響を及ぼしてしまう可能性もあります。

相撲の未来のことを考えることも大事ですが、今いる力士・親方達のことも同時に考え、誰もが幸せになれるような着地点を探していくことが大事なのではないでしょうか。

Q23　大相撲では本場所の結果以外のニュースが報じられることが多く、物議を醸すことも少なくありません。なぜこんなに相撲協会は批判されているのでしょうか？

他の競技でも、競技以外のことがニュースとして報じられることがあります。選手が不祥事を起こしたりすると選手自身が批判される傾向にありますが、例えば野球選手の不祥事でNPBや球団が、サッカー選手の不祥事にJリーグが矛先を向けられることはそれほどないように感じます。

特にプロ野球については報道各社の追及が甘く、そもそも他のスポーツよりもニュースでの待遇が良いこともあり、全体的な優遇ぶりに不満の声はいつも上がりますが、このような傾向が変わることはありません。プロ野球に対しては甘いという意味で、逆の偏りはあるかもしれませんが、個人や球団が起こした問題に対して競技そのものに対して追及が為されることがないのは、問題が個別の事象として捉えられているからではないかと思います。

さて、大相撲報道については、確かに相撲協会に対する批判や訴求が多いようには見受けられますが、ある程度仕方がない面があると言わざるを得ないかと思います。というのも、不祥事や事件の多くで根底にあるのが、大相撲に流れる昔気質《むかしかたぎ》の文化と言えるからであり、そうした体質が昔から変わっていないことを多くの人が知っているからです。

大相撲では10年ほど前に多くの不祥事が発覚しました。朝青龍のサッカー騒動や相撲部屋内の暴行事件、八百長《やおちょう》報道に野球賭博、力士の大麻所持・使用といった具合です。これらの問題は短期間で連続して発覚しました。これほどのことが他の競技で起きたことは今までにありませんでした。力士個人にも批判が及びましたが、これらの問題の根底には大相撲の持つ悪い意味での大らかさ、一般社会では到底許されないことがまかり通ってしまう風習にこそ問題があるという批判の声が、方々で上がったのです。

確かに力士の暴行問題を例に考えると、指導の一環として弟子を暴行するのが大相撲の世界では文化として存在していたことは事実です。例えば時津風《ときつかぜ》部屋で暴行された力士が亡くなってしまった事件や、春日野《かすがの》部屋の春日野親方がゴルフクラブで弟子を殴打した事件、芝《しば》田山《たやま》部屋で暴行を受けた力士の左目が失明状態になり、親方と力士に対して損害賠償を求める訴訟などがありました。こうして問題が表面化する前にも指導中に竹刀《しない》で叩かれる部屋もあったと聞きますし、行き過ぎているか否かは別として、大小を問わず暴力による指導がまかり通っていたわけです。

体罰一つ取っても、かつては学校でも行われていました。悪いことをした時に平手打ちや拳骨《げんこつ》を受けた経験は、40代以上の方ならあると思います。このような教育を自身が受けた、もしくは子供にしてきた世代の中には、体罰を指導の一環としてある程度容認する層もいると思います。

ただ私たちの社会は、体罰は指導ではなく暴行だということを知りました。指導として通る時代はとうの昔に終わっているのです。そのことを誰もが知っています。ですから、心の中で体罰に肯定的な感情を抱いていても自分がそれを行うことは普通ないわけです。抑止効果はあるかもしれない。しかし、それ以上に暴行によって人を傷つけてしまうことの怖さを世間は理解していると言えるでしょう。

しかし、世間が変わっても大相撲の世界では暴力が蔓延《はびこ》っていた。つまり、世間と大相撲の世界の感覚に著しく乖離が生じていたのです。

世間の常識と大相撲の常識には昔から開きがありました。タニマチから大金を貰い、豪勢に遊び、大飯を食らい、そして相撲が強い。そんなことは当然一般人にはできませんし、しようとも思いません。ただ、そういう浮《うき》世《よ》離《ばな》れしたことをやってのけるところにこそ昭和の感覚では憧憬《しょうけい》を抱き、力士と大相撲を仰ぎ見てきました。

ただそれは大相撲が人気スポーツで、多くの人々から理解されている頃にだけ通用していたことです。時代が変わり、大相撲の感覚が世間で通用しなくなった。そして、大相撲の人気が低下して力士に対するリスペクトが失われた。そんな中で、大相撲で不祥事が多発した。力士や相撲部屋だけではなく、相撲協会に批判の声が上がったのは必然だったと言っていいでしょう。

相撲協会が批判を受けることになったのにはさらなる理由があります。

それは、こうした問題が起きながら改革が進まないということです。

大相撲では一連の不祥事以降、ＳＮＳの利用やファンサービスの拡充といった関係者の必死の努力もあり、一時は危機的な状況でしたが人気がV字回復し、２０１５年ごろにはチケットがなかなか手に入らないほどの状況になりました。大相撲に対するイメージ低下はファン離れという結果を招きましたが、多くの方の目に付くように企業努力をしたところ大相撲の楽しさに気づく人、思い出す人が続出したのです。大相撲の楽しさが不祥事を超えたと言って良いでしょう。

ただ、不祥事の事後処理として当該力士や親方の処分は行われましたが、根本原因と言って良い体質的な問題の改善には至っていません。それが露見したと言って良いのが、２０１７年から発生した不祥事です。

日馬富士による貴ノ岩《たかのいわ》への暴行問題、さらには改革を訴えたはずの貴乃花部屋からはその貴ノ岩による付け人への暴行に加えて貴ノ富士《たかのふじ》による２度にわたる暴行が発覚しました。全てを挙げるとキリがありませんが、中川《なかがわ》部屋では不適切な指導が、式秀《しきひで》部屋ではおかみさんによるモラハラ、立呼出《たてよびだし》の拓郎《たくろう》による後輩２名に対する暴力もありました。

これだけでも大相撲全体に行きわたる体質は何一つ変わっていないように見受けられますが、問題は不適切な指導だけではありません。コロナ禍によるガイドライン策定後には田子《たご》ノ浦《のうら》親方の泥酔が報じられたこともありましたし、時津風親方がガイドライン違反で処分を受けました。さらには阿炎が接客を伴う飲食店に複数回出入りしていたことも発覚しました。

これらをすべて、個人の問題として論じるのは難しいことです。ただでさえＳＮＳの普及により世論は世間の感覚を有名人に求める傾向が強まってきています。不祥事の発覚が個人や団体を危機に陥れるリスクが高まっているというのに、行われるのは不祥事発生後の講習会程度のもので、相撲部屋の指導実態のチェック体制を確立するといった継続的な対策は取られていないし、そもそもそうした改革に対する議論自体、行われているという話も聞こえてきません。

相撲協会の立場からすると難しい部分もあるでしょう。大相撲は確かに、他とは違う世界です。随所に見られる、普通とは異なるカラーこそ大相撲を大相撲らしくしています。体罰は受け入れられないことですが、大相撲の理不尽を全て是正したのでは競技の魅力が保てるか疑問です。例えばすべての力士が家庭を持てるほどの給与を受け取れるような形にした場合、力士は強くなるでしょうか？　下の力士も関取も朝早起きせずに同じ時間から稽古を始め、同じ時間に飯を食い、プライバシーのために個室を与えられたとしたら、力士は何を目標に稽古をするのでしょうか？

不平等や不条理というのは大相撲を大相撲たらしめる重要な要素です。そしてそこに共感し、納得した者が入門する。それを受け入れられる者が大相撲を観ている。元来体罰もその中に含まれるものでした。ただ、体罰は不平等や不条理という言葉では通用しなくなってしまった。だからこそ改革が求められることになったのです。

果たして、許容可能な不平等や不条理とはどこまでのものなのでしょうか。ポリティカリーコレクトをあらゆることに対して求める世の中が、相撲部屋に存在する不平等や不条理に対して声を上げたとしたら、それを守ることはできるのでしょうか？

何を残し、何を変えるべきなのか。

そしてそれはなぜなのか。

相撲協会に求められるのは大相撲の世界に残るあらゆる文化を整理し、それらを世間に毅然と説明できる状態になることではないかと思うのです。

Q24　大相撲は年に6場所、毎回15日連続での興行なので大変そうです。しかも場所と場所の間には巡業も行っています。力士を守るために、本場所の回数を減らしたりできないのでしょうか？

「過密日程による力士への負担を軽減はできないのか」という問題提起ですね。これに関しては2つのポイントに触れてみたいと思います。

・過密日程による弊害はどの程度起きているのか
・もし過密日程による弊害が起きているのであれば、本場所の回数などを見直すべきか

大相撲の日程は確かに過密で、力士への負担はかなりのものだと思います。立ち合いでは頭からぶつかることもありますし、それが原因で脳震盪《のうしんとう》が起きることもあります。幕内の平均体重は１６０kgですから、力士同士が正面衝突するとダメージが蓄積することもあれば、蓄積したダメージが原因で故障することも当然あります。

Q10Q18でも語りましたが、新進気鋭の力士が昇進した後で上位陣に対応する相撲が取れないことから怪我をする事例が多発しており、また休場すると番付が下がってしまう事情や「怪我は土俵で治す」という考え方もあることから強行出場を続ける問題が存在しています。ただ、個々のケースではなく、全体的な傾向を数字で見てみるとどうなるのでしょうか？

ポイントは、怪我による大相撲全体への悪影響の有無です。

数字で見てみると、少し意外な結果が出てきました。というのも、力士の怪我の数を指標化するには「１場所あたりの休場数」という軸が考えられますが、実は休場数自体はここ数十年、ほとんど変わっていないのです。

なお、この数十年で本場所の日数は全く変わっていません。１９５８年に６場所制に移行してからは同じ日程を継続しています。変わっているのは巡業の日数ですが、これについては人気の上下に応じてほとんど行われていない時もあれば、場所の合間に番付発表がされるまで毎日のように行われる年もあります。つまり、巡業の多寡《たか》もまた休場数には影響を及ぼしていないということです。

付け加えると、１場所あたりの休場者数が「ほとんど」変わっていないと書きましたが、この数が急増したことがあります。それは、公傷制度廃止の直前の時期です。

大相撲では過去に公傷制度という、本場所の取組中に怪我をした力士が翌場所全休しても番付を据え置くシステムが存在しました。きっかけは諸説ありますが、その一つとしては１９７１年十一月場所に人気力士の龍《りゅう》虎《こ》がアキレス腱断裂の大怪我を負い、幕下まで番付を下げてしまったことが契機となり、１９７２年一月場所から導入されたものと言われています。

この休場可否の判断基準は導入当初から緩和され、全治２カ月の診断書が頻発し休場者が続出したことや、公傷を認めないことに対するクレームが発生していたことなどもあり、２００３年に廃止されました。

この経緯からわかるのは、ここ数十年の中で公傷制度が存在している時期もありながら休場数が変わっていないということです。つまり、今は休場しやすかった頃と比べても休場数が変わっていないわけですから、怪我が深刻な影響を与えているとは必ずしも言えない部分があるのです。

人気力士が大きな怪我をすると「怪我が増えている」とか「力士を守るための制度の創出を」という声が上がります。印象論でこのような意見が出ることはありますが、まずは事実をベースに考える必要があります。

ただ、とはいえ有望な力士が怪我をしている実情はありますし、力士が休場という目に見える形ではアラートを出していないケースも当然存在します。過去と数字が変わっていないということが現在の制度の継続を正当化するわけではないのです。怪我による休場数は変わっていないという客観的な事実と、有望な力士が潰れかねない状況であることを天秤《てんびん》に掛けてどのように進むべきか、これから考えていかねばなりません。

これを踏まえて次の議論に移ります。「もし過密日程による弊害が起きているのであれば、本場所の回数などを見直すべきか」です。この点については、日程を減らすことによるメリットとデメリットを考える必要があります。

日程を減らすメリットは、当然ながら力士を休ませることができる点です。場所の間隔を今以上に開くことができれば怪我した力士がその間に休養を取り、加療することでパフォーマンスの向上が期待できます。仮に大怪我をしたとしても、休場を余儀なくされても場所の間隔が空いているので今よりも休場に要する場所数が少なくて済むというメリットもあります。となると休場リスクが今よりも低くなると言えますので、これまでは怪我を抱えながら強行出場をしていた力士が休場しやすくなることも想定されます。

結論として、日程を減らすことによって怪我をした力士が場所の合間に加療する、もしくは休場を後押しすることによって全体的に楽しい相撲が観られるのではないか？　と思うのです。

ただ、日程を減らすことには当然デメリットが生じます。それは、大幅な収入減を余儀なくされるということです。

２０２０年3月、新型コロナウイルスの蔓延に伴い無観客で本場所が開催される事態になりました。この時に複数のソースで報じられた情報から、チケット販売がなくなることによる減収は10億円以上だったと推測されます。また、１場所あたりの放映権料についてもこの時に掲載されていましたが、どのソースでも共通していたのが5億円という数字でした。

本当の放映権料や1場所あたりの収入については不明ではありますが、日刊紙などでも報じられている数字ではありますので、いったんこの情報を元に話を進めたいと思います。１場所開催しないことによって、これだけ収入が減ってしまうのです。

なお、これは相撲協会の公式サイトから誰でも閲覧可能な情報ではありますが、２０１６年の決算報告によると事業収益は１１４億円で、そのうち相撲事業による収入は１０２億円でした。２０１６年を例に取ると、１場所あたりの放映権料と言われている5億円とチケット収入の10億円を差し引いた場合、年間で14％もの収入減になります。

ただ、１場所減らすだけでは力士を休ませる期間はそれほど変わりません。３カ月に一度の開催、つまり年４場所での開催となると、ある程度は力士を休ませることができます。その場合は２場所分の収入が減るので、単純に先ほどの数字を倍にすると28％の収入減になってしまいます。

さて、日程を減らす場合、果たしてこの３割近くも減少した収入をどのように穴埋めするのでしょうか？　放映権料も、チケット収入もこれ以上は増収が見込めません。また、ネット配信も既に行っていますので、こちらの収入もアップしません。巡業を増やしたのでは本末転倒です。となると海外戦略が自然な流れでしょうか。しかし、海外で人気を得るためには世界各地の出身力士を取り込んでいくことが求められますが、横綱の給料でさえ年間４０００万円という額ではそれほど魅力的ではありません。

仮に収入３割減を受け入れて年間４場所という改革を強行したとすると、支出も減らす必要があります。となると力士の給料も相当減らさねばなりませんが、果たしてそれを現役力士が受け入れるでしょうか。百歩譲って力士が大相撲の将来のためにこの改革を支持したとしても、アマチュア力士達が収入的に旨味の減った大相撲を果たして選ぶでしょうか。

本場所の数を減らすことによって力士を守り、充実した相撲を観たいという思いはありますが、現行の制度によって大相撲が成立しているのも事実です。だからこそ、力士と大相撲を守るためにも減収を意味する改革には舵を切りづらいと言えるでしょう。そういう意味では力士を守るための案を、収入減というデメリットのない形で提示する必要がある。これが私個人の結論です。

Q25　同じ部屋の力士、例えば貴景勝と隆の勝は対戦しないことが気になります。全ての力士が総当たりしない仕組みは不公平ではありませんか？

大相撲では、同部屋の力士との対戦がないことから、見方によっては不公平な印象を抱く人もいるかと思います。部屋の力次第では大きく有利になってしまうこともあるからです。公平という観点では総当たり方式も考えられるかと思います。

ただ、相撲が総当たりではない理由を説明するには、過去の制度について言及する必要があります。そもそも大相撲では同じ部屋に所属している力士同士だけではなく、同じ一門に所属する力士同士の対戦が行われていなかったのです。

理事選の際に注目されましたが、大相撲には一門と呼ばれる相撲部屋のグループがあります。これは古典芸能や将棋・囲碁といった世界にも存在するものです。日本相撲協会には「出羽海《でわのうみ》一門」「二所ノ関《にしょのせき》一門」「時津風一門」「高砂一門」「伊勢ケ濱《いせがはま》一門」の5つの一門があります。最近までは「貴乃花一門」もありましたが、こちらは消滅しています。

一門に所属する部屋は繋がりが強く、例えば横綱の土俵入りで脇を固める太刀《たち》持ちと露払《つゆはら》いを務める力士は同じ一門に所属しています。基本的に関取の付け人は同じ部屋の力士が務めますが、関取の所属する部屋の人数が少ない場合や横綱のように多くの付け人が必要なケースについては、同じ一門から駆り出されることもあります。冠婚葬祭などでの繋がりも強く、場所前になると同じ一門で合同稽古をすることもあります。特に二所ノ関一門の合同稽古は関取が数多く集結するのでニュースでも大きく報じられます。なお理事選の時に一門の存在がクローズアップされたのは、一門の中から理事の候補となる親方を擁立し、基本的に一門の親方が自らの一門の擁立した候補に投票することが原因でした。

ここまでご覧の通り、一門が同じだと何かと繋がりが強いのです。そのため、本場所での対戦が行われなかった経緯があります。ただ１９６５年からこの制度は変更され、同一部屋に所属する力士以外の総当たり制になり、現在に至ります。

さて、同一部屋に所属する力士同士の対戦がないことは不平等ではないかとのご指摘については、そこまで大きく問題視されてきていないという回答になります。

例えば私は現在40歳ですので、同門という意味で考えるとまず思い出すのが千代の富士と北勝海《ほくとうみ》の所属していた九重《ここのえ》部屋全盛期です。歴代３位の通算31回幕内優勝を果たした千代の富士と、８回の幕内優勝を誇る北勝海が同時代に横綱に君臨していたのです。これだけ強い力士同士の対戦がないのですから、それは有利でした。１９８５年九月場所から１９８７年三月場所までこの２人で10場所連続優勝していますし、その１年後の１９８８年五月場所から１９８９年九月場所までもやはり２人で９場所連続優勝を果たしています。

ただ確かにこの２人は強かったのですが、多くの優勝が千代の富士によるものでした。この時代の千代の富士は本当に圧倒的な存在だったのです。北勝海も実力者でしたが、千代の富士は北勝海のサポートがなければ優勝できないわけではありませんでした。確かにこの２人が同部屋に揃っていることは互いが優勝するために有利に働いていましたが、たとえ部屋が違っても大きな影響はなかったと言えるでしょう。当時、彼らに次ぐ存在は幕内優勝２回の大乃国《おおのくに》と、幕内優勝４回の旭富士《あさひふじ》でした。同部屋のサポート関係に対する不平等を口にする以前に、この時代は千代の富士が強すぎたのです。

次に思い出されるのは、若貴全盛期の二子山《ふたごやま》部屋です。

当時の二子山部屋は史上稀に見るほど、上位の力士の顔ぶれが充実していました。若乃花と貴乃花はもちろん、大関には貴ノ浪がいましたし、三役付近には安芸乃島と貴闘力、さらには三杉里《みすぎさと》に隆三杉《たかみすぎ》、若翔洋《わかしょうよう》、浪乃花《なみのはな》、豊ノ海といった力士達がひしめいていました。安芸乃島と貴闘力は上位に対してめっぽう強く、横綱大関の直接対決は確かに少ないわけですから、今にして思うとなぜ不平等ということに思いが及ばなかったのかは疑問です。

貴乃花と同時代に他の部屋に所属していた曙と武蔵丸は、先ほどの千代の富士と北勝海全盛期と比べると強いライバルであったことは間違いありません。曙は通算の幕内優勝が11回、武蔵丸は12回と、歴代の横綱と比較しても優秀な成績です。

果たして、なぜ当時は二子山に対して不平等だと思わなかったのか。成績を見て気づいたことがあります。曙と貴乃花と武蔵丸の全盛期はズレているのです。

曙が最も強かったのは１９９２～１９９３年で、この短期間に6回優勝しています。そして貴乃花は１９９４～１９９８年が特に強く、17回優勝しています。武蔵丸の全盛期はそれよりもさらに遅く、１９９９～２００２年に９回優勝しています。

この時代の中心は貴乃花ではあるのですが、最初は曙には勝てませんでした。それほど、横綱昇進直後の曙は際立った強さを発揮していたのです。その曙に勝てるようになって横綱に昇進し、そこからは貴乃花が手の付けられない存在になりましたが、肝機能障害などの影響で休場が目立つようになりました。そこから力を発揮したのが武蔵丸です。つまり、彼らは同世代を生きたライバル同士ではあったのですが、手が付けられないほど強い時期が異なります。そのころの記憶が強いため、不平等という印象を抱きにくかったのではないかと思うのです。

その後の時代を考えても、強豪力士が同部屋に所属することによる不平等を感じる瞬間はありませんでした。強いて言うなら横綱に日馬富士、大関に照ノ富士がいた頃の伊勢ケ濱部屋が挙げられますが、この頃は白鵬がまだ強かった頃でした。日馬富士のサポートで照ノ富士が優勝した場所もありましたが、千秋楽《せんしゅうらく》の日馬富士の見事な相撲と照ノ富士の優勝を祝うムードが印象的でした。

長くなりましたが、同部屋力士との対戦がないことによる不平等は確かに存在するのですが、それによって本場所の面白みが喪失されるほどの事態に発展したことはなく、ゆえに現在まで制度改正に対する気運は高まってこなかったのだと言えるでしょう。

ただ、いいか悪いかは別にして最近は平等を求める風潮があるので、今後は何かのきっかけでこの意見が出る可能性はあります。その時に考える必要があるのが、過去に発生した不幸な歴史のことです。

大相撲では２０１１年頃に八百長問題で多くの力士が処分を受けたことがありました。金銭で星の売買を行い、その証拠が出てきたことによって大相撲の信頼は地に堕《お》ちてしまいました。確かに現在も大相撲では不祥事が散発的に起きており、また改革が進まないことからも、相撲協会に対する信頼が回復したとはお世辞にも言えません。

その中で、同部屋での対決を含める方針に舵を切ったとしたら、果たしてどうなるでしょうか。

仮に勝ち越しの懸かった一番で同部屋対決が起き、勝ち越しの懸かったほうの力士が勝った場合、この一番を八百長だと主張する人は必ず現れるでしょう。この取組における攻防についても、八百長であることを前提にした言いがかりが付けられることになります。証拠がないからこの一番は八百長ではないと主張しても、納得しない人はいます。

つまり同部屋での対戦が始まると、疑われなくてもよい相撲が疑われることになってしまうのです。なお、ボクシングの世界でも同様のリスクを懸念し、同じジムに所属する選手同士の対戦が組まれることはほぼないと聞きます。無用なトラブルや中傷を防ぐという意味でも、近い人間同士の対戦を避けることには効果があると言って良いでしょう。

同部屋での対戦を行わないことによる不平等は少なからず発生します。ただ、現時点ではその不平等によって大きな不利益を被ることはそれほどなく、また対戦した時のリスクもある訳ですから、今のままの制度でも良いのではないでしょうか。

Q26　以前大相撲では八百長問題が起きましたが、今はもう大丈夫なのでしょうか？

２０１１年頃に大相撲では八百長問題が明るみに出て、力士同士のメールのやり取りを含めて話題になりました。公益財団法人の認可についても是非が問われ、問題の影響を受けて２０１１年三月場所は１９４６年夏場所以来の中止に、そして五月場所は「技量審査場所」として無料公開される運びとなりました。

多くの力士と親方が処分され、野球賭博などの問題も重なり大相撲の人気は地に堕ちました。事件の同年の２０１１年十一月場所では白鵬の連勝記録が63で稀勢の里に止められるという出来事がありましたが、平日だったこともあり会場にはたったの２０００人しかいなかったと言われています。このことからも、一連の問題の影響の大きさがわかるかと思います。当時相撲を観ていなかった方からするとピンと来ないかもしれませんが、それほどまでに大きな事件だったのです。

　相撲に限らずスポーツ界では過去に八百長問題が起きており、それは個人や団体だけの問題には収まらず、競技そのものの人気低下を招いてきた歴史があります。２００６年にイタリアのサッカーリーグのセリエＡでは、審判が強豪チームのユベントスに有利な判定をするよう頼まれていたことが発覚しました。「カルチョ・スキャンダル」と呼ばれるこの問題は調査の結果ＡＣミランやフィオレンティーナ、ラツィオといったチームも関与していたことがわかり、ユベントスの優勝取り消しなど関与していたチーム・審判がそれぞれ処分を受けることになりました。中田英寿がペルージャに移籍した90年代後半から00年代前半は世界最高峰のリーグと呼ばれたセリエＡですがこの事件もあり人気が低迷し、プレミアリーグやリーガエスパニョーラに後塵《こうじん》を拝する結果となりました。

日本では野球界で起きた「黒い霧事件」が有名で、関与していた西鉄ライオンズが球団を身売りする結果になりました。八百長というのはそれだけ甚大な影響を与えることがわかります。大相撲も一時は人気の低迷が顕著になりましたが、八百長問題から４年後の２０１５年にはチケットが手に入らぬほどの人気回復を見せたのは、関係者の努力の賜物《たまもの》でしょう。

大相撲は元々、八百長の疑惑に晒《さら》され続けた競技でした。

１９６３年に柏戸が大鵬との全勝対決に勝利して復活優勝を果たした際に、作家の石原慎太郎がこれを八百長と批判しました。協会が石原氏を告訴したところ、石原氏が謝罪したため和解しています。

それからも大相撲と八百長については事あるたびに報じられてきており、最も注目を集めたのが元小結の板井《いたい》による告発でした。２０００年に日本外国特派員協会の講演で自ら八百長に関わっていたことを告白し、同年７月には暴露本を出版しています。

ただ、２０１１年まではこうしたレベルの話が出てはいましたが、現役力士など関係者が大規模に処分を受けるまでの事態に発展することはありませんでした。かといって「大きな騒ぎに発展していないのだから、過去は潔白である」と言い切れないのは、２０１１年の八百長騒動があまりに大規模で、この時に限られたものとは見受けられないことが大きな要因であるように思います。

例えば、いわゆる「大関互助会」という言葉が生まれたのは、勝ち越しがギリギリの状況の時に大関同士の対戦でピンチのほうの力士がよく勝つことに起因しています。７勝７敗で千秋楽を迎えた大関の、千秋楽での勝率が異様に高いという話が出たこともありました。２００９年には大関の魁皇《かいおう》が６場所連続で８勝７敗の成績を残しています。

また、八百長とは異なりますが「人情相撲」という表現もあり、これは対戦相手が苦しい状況であることを察して意図的に敗れることを言います。八百長にしても人情相撲にしても決定的な証拠がない中で、苦しいほうの力士が勝つことが実力や取組内容からして順当な結果だと思えない時に、観る側が「人情相撲」だと理解することによって納得をしようとしているのではないでしょうか。「人情相撲」という言葉は存在していますが、証拠があれば立証できる八百長とは異なり、結局のところ相撲内容や状況から観ている側がレッテルを貼っている側面が強いものではないかと思います。

さて、肝心の「現在八百長が行われているのか」について考えてみましょう。

まず事実を述べると、一連の八百長騒動以降、決定的な証拠が出る形で八百長が告発されたことは今のところありません。取組の結果に対して共感できない人が八百長だと騒ぎ立てることはありますが、それはあくまでも過去の騒動に起因し「大相撲では八百長が横行している」という発想の下、取組結果に対してそのようなレッテルを貼っている背景があります。証拠がないものに対して八百長であると言い切ることはできない、ということをまずご理解いただければと思います。

次に、現在の大相撲は過去のそれと比較すると大変厳しいものです。

例えば、最近の大関は歴史的に見ても非常に陥落が多い状況であると言えます。２０１９年は高安、貴景勝（1場所で復帰）、栃ノ心（2度）が大関から陥落。そして２０２０年初場所には豪栄道が大関陥落決定後に引退しており、この短期間で実に5回の大関陥落という異常事態です。

１９７４年にも3大関（清国《きよくに》・大麒麟《だいきりん》が引退、大受《だいじゅ》が陥落）がいなくなることがありましたが、これは世代交代の時期だったことが作用したと言えるでしょう。一方で２０１９年の場合は横綱も手薄で、稀勢の里が引退、白鵬と鶴竜が休みがちな状況の中、本来は中心に君臨するはずの大関が苦戦してしまったわけです。

八百長が行われるとしたら、上位の力士が苦戦している場合に何らかの手が下されることになるはずですが、彼らにはカド番での8勝7敗のような、疑わざるを得ない結果もほとんど見られません。2019年前後の大関陥落の事例を見ると、例外なく怪我が引き金になっていますが、もし八百長が常態化していたとしたら上位の力士にここまで怪我が頻発するでしょうか。あくまでも状況的な推測でしかありませんが、地位を保てない大関の存在は八百長を否定する要因として挙げても良いのではないかと思います。

また統計的に見ると、勝ち越しの懸かった力士の勝率は6割近いというデータがある一方で、8勝や9勝の力士の勝率は4割台に落ち着いているというデータも存在しています。既に余裕のある力士が勝てず、勝たねばならない力士が勝っているという結果を見ると、人によっては八百長を疑うかもしれません。ただ、これらの数字はそこまで不自然ではなく、勝ち越しの懸かった一番で結果を残している力士と、余裕のある力士の差が出ているという範囲の話ではないかと思います。

一方で気になるデータがあるとすれば、モンゴル出身力士同士の対戦成績です。

モンゴル出身力士が優勝争いで単独トップに立った際、モンゴル出身力士同士の対戦はほぼリードしているほうの力士が勝っているというデータがあります。つまり、モンゴル出身力士が逆転優勝を許す事例があまりないのです。これについては日本出身力士に対しても終盤戦で強さを見せるので、充実している時のモンゴル出身力士の実力という解釈も可能かと思いますが、この点が最近では疑問を呈される部分であることは事実です。

八百長については決定的な証拠がない限り、状況的な部分から推測することしかできません。ただ、２０１１年の一件が尾を引いている部分も未だにあります。期待していた熱戦が展開されず、勝った側に大きな利益がもたらされると八百長の指摘を受けることになるのは相撲ファンとして心苦しいところではありますが、仕方がないほど過去の出来事があまりに衝撃的だったと言えるのではないかと思います。

八百長という指摘については、相撲内容で応えていくしかありません。割に合わない時代ではありますが、そういう意味でも今の力士達には活躍を期待しています。

Q27　力士が引退後に指導的な立場につくためには「年寄株」が必要ということですが、そもそも年寄株とはどのようなものなのでしょうか？

他のスポーツの場合、指導者になるにはライセンスが必要な競技もあります。

例えばサッカーでは指導するカテゴリに応じて必要となるライセンスが異なり、Ｊリーグのトップチームなどで求められるＳ級コーチから少年サッカーの指導に相当するＤ級コーチ、さらにはそれよりも幼年期の指導を対象としたキッズリーダーという肩書なども存在しています。これらを取得するためには勉強会や実地経験が必要なので、相応のハードルを乗り越えた者だけが指導可能になるわけです。一定の資質が担保されるシステムだと言えます。

また野球界を見ると、最近では元プロ野球選手が引退後に学生や生徒といったアマチュアを指導するために「学生野球資格回復制度」が制定されており、３日間の講習を受講することが求められています。

このように、多くのスポーツで指導的な立場に立つにはライセンスを求められたり、資格を得るための講習を受けたりするシステムができており、指導者を育成し、指導される側を守ることに繋がっています。

さて、大相撲の世界ではこの点どうなのでしょうか。

元力士が相撲協会に残り、運営に携わるには年寄名跡《としよりみようせき》と呼ばれる権利を取得する必要があります。ただこの名跡に関しては定員が決められていて、１０５ある名跡から空いているものを取得したり、現役力士などが保有している年寄名跡を借りるなどせねばならないのです。

年寄名跡の取得には条件があり、一般的には次の通りです。

・最高位が小結以上
・幕内在位20場所以上
・十両以上在位30場所以上
※十両以上の在位が28場所でも条件次第で認められることもあります

これを見て感じるのは、大相撲の世界で指導・運営をするには現役時代に顕著な実績が求められるということです。「名選手必ずしも名監督にあらず」という言葉があるように、他のスポーツでは選手時代の実績が逆に足かせとなり、結果が残せずに指導者を辞めていく方も少なくありません。しかし、大相撲では年寄名跡を取得すると、定年までの間は不祥事を起こすか本人の希望がない限りは親方として在位し続けることになります。

力士としての実績があることは、本人の力士としての技量を見るうえで一定の指標になると思います。ただ、力士時代の実績があることと指導者としての資質があることは別の話です。他のスポーツでは現役時代に実績を残せなかった元選手が指導者として花を咲かせることもありますが、大相撲ではそれができない制度設計になっているのです。

ただ、親方の仕事は力士の指導・育成だけではありません。相撲協会の運営もそこに含まれますので、例えば巡業に関する宿の手配やチケットのもぎり、本場所中の館内警備、協会の事務、勝負審判などと、その役割は多岐にわたります。

本場所や巡業でもそこかしこでかつての人気力士が親方としてこれらの職務を全《まっと》うしており、気軽に声を掛けることもできます。ファンサービスを行うことも彼らの大きな役割の一つで、親方と喫煙室や食堂で一緒になったり、館内ですれ違ったり、タイミングによっては握手やサイン、写真撮影なども可能です。実績ある力士に年寄株取得を限定するのは、これを意図したかは別として意味があることは確かです。

なお、引退した日本人力士の中で、ある程度実績を残した力士はほとんど、親方として相撲協会に残ることになります。外国出身力士の場合は日本国籍を保有していなければ年寄株は取得できず、また帰化が通るには申請をしてから数年要することもあり、引退後のキャリアとして協会に残れないという大きな問題が残されています。先日、鶴竜が横綱審議委員会から注意を受け、キャリアの瀬戸際に立たされた際にこの点がクローズアップされました。鶴竜は当時、日本国籍を保有していなかったからです。進退を賭けた場所の前に日本国籍の取得申請が通ったことが明らかになり、この点については解決しましたが、今後引退する力士に対しても現行の制度で良いかはまた別の話になると思います。

前述の通り、実績ある日本人力士はその多くが引退後に年寄株を取得して相撲協会に残るのですが、これには理由があります。親方という仕事は、セカンドキャリアとして収入面でも大変魅力的だからです。

引退直後の平年寄でも年間1000万円以上、理事となると2000万円以上貰うことができると言われています。力士のセカンドキャリアとしてこれだけ稼ぐ手段は、そうはありません。商売をするにもこのご時世なので何がきっかけで苦境に陥るか不透明ですし、アマチュアの指導者になる選択肢も一般的ではありません。引退後に親方にならなかったかつての人気力士がいないものかと考えてみましたが、横綱・大関を経験した日本人力士は、私が現役時代を見た中では、廃業や解雇といった例外を除けばほぼ一度は相撲協会に残っています。

また、他のスポーツでテレビ中継などの解説を務めるのはコーチや監督としてどのチームにも所属していない元選手であることがほとんどですが、ＮＨＫの相撲中継で登場する解説者はほとんどが親方です。舞の海さんや北の富士さんは親方ではないのですが、彼らのほうがむしろ例外的な立場だと言えると思います。

このように、元力士にとって親方は大変好条件なので、年寄株の取得は多くの元力士が希望することになります。しかし１０５枠だけで、65歳が定年なので親方として残れる元力士は年に３人くらいしかいない計算になります。親方という立場が魅力的、かつなるのが難しいため、年寄株の取得に関しては問題もありました。年寄株が売買の対象になっていたのです。

２０１４年に相撲協会が公益財団法人に移行した際、年寄名跡は協会が管理することになりました。その際に名跡の襲名や推薦については金銭による授受が禁止されましたが、現状ではまだ行われているという話もあります。金銭授受の実態はあくまでも世間的に語られていることをベースとして話を進めざるを得ないものですので、実際のところは定かではありませんが複数のソースにこのような記事が掲載されており、事実無根ということで訴訟は起きていないのが現状です。

年寄株についてもどこかで改革が必要であり、金銭の授受を禁じたこと自体は良いことだと思います。相撲協会に残り、相撲普及のために働くうえで最初に行うのが多額の支払いというのは良くないと言わざるを得ないからです。ただ、一方でかつて年寄株を取得するためにお金を払ってきた方の立場からすると、いきなり自分の保有してきた年寄株の価値がゼロになったらどうでしょうか。今いる親方たちが泣きを見る結果になるわけです。これはこれで大問題です。

もし記事の通り今もなお年寄株取得のために金銭の授受が行われているとしたら、それは問題です。ただし、そこだけにフォーカスせず、今の親方たちをいかに救済するかを含めて話を進める必要があるのではないかと思います。仮にこれが事実ではないとしても、疑いを受けても仕方がないほど強引な改革だったと言わざるを得ません。

セカンドキャリアがここまで充実しているという意味で、大相撲はプロスポーツの中でも屈指の安定性があると言えますが、その安定性が原因でこのような問題や疑いを掛けられるのは皮肉なことです。大相撲がこれからも文化として継承されるためにも実態を把握し、これから引退する力士も今いる親方たちも納得のいく着地点を見出してほしいと思うのです。

Q28　怪我をした力士を救済するための公傷制度の話が出ましたが、現在は廃止されたと聞きました。怪我をする力士が後を絶たないので、再導入したほうが良いのではないでしょうか？

過密日程の是非についてはQ18・24で触れましたが、怪我による休場数そのものは数十年スパンで見るとほぼ変化していません。どうしても上位の力士が印象に残る形で怪我をしているために怪我が増えている印象を受けてしまうのですが、この点は数字で正しく判定しなければならないと思います。

そもそも公傷制度ができたきっかけは諸説ありますが、よく語られるのは人気力士である龍虎がアキレス腱断裂という大怪我を負ったことにより途中休場後に3場所連続全休した結果、前頭３枚目から幕下42枚目まで番付を落としてしまったことと言われています。

長期休場によって元いた地位に戻るのに時間を要するのは不条理ですし、休場しづらいことが原因で怪我を押しての強行出場が増えてしまうリスクを考慮すると、地位を保全したほうが良いと考えるのは自然な成り行きです。こうした力士を救済するための制度として公傷制度を導入したのは良いことだったと言えるでしょう。

ただ、現在この制度が廃止されて久しいのには理由があります。制度としての不備があり、そして救済することそのものに対して疑問が残るからです。

公傷制度の末期に申請が急増した結果、制度そのものが見直しされたのですが、そもそも公傷制度の対象となっていたのは全治２カ月以上の診断書が提出された時だと言われています。そして、この時期にちょうど全治２カ月の診断書がやたら多く出されたわけです。

私事ですが２０１５年に右手の小指を骨折した際、入院不要と診断されながら握力が15kgを割ってしまい未だ状態が戻らないので、もちろん怪我の度合いに関係なくその影響が残る場合もあることは重々承知しています。しかし、この公傷制度廃止直前に頻発した「全治２カ月」の診断は、少なくとも力士生命を脅《おびや》かす類のものではないことは容易に想像が付きます。

龍虎が怪我をした当時の精神性に立ち返ると、守られるべきは１場所全休すれば状態が回復するというタイプの怪我を負った力士ではなく、長期的な休場によって地位が落ちることをおそれて強行出場せざるを得ない力士ではないかと思うのです。

休場の数自体は昔とそれほど変わりませんが、上位にいた力士や上位進出が期待される力士が大怪我を負ってしまうという事例が後を絶たない現状があります。

代表的な事例は、栃ノ心です。

２０１３年七月場所で膝を痛め、途中休場後に３場所連続で全休。前頭11枚目だった番付は西幕下55枚目と、三段目を目前とするところまで落ちてしまいました。それでも、幕下での２場所連続優勝、十両での２場所連続優勝を果たして２０１４年十一月場所には前頭８枚目まで戻りました。４場所連続でほぼ全勝という成績を挙げることで、ようやく元の地位に戻ることができたわけです。しかし逆に言えば、例えば幕下で１敗でもしたら昇進の幅はそれだけで半分になってしまいます。このような復活劇は栃ノ心が一度も躓《つまず》かずに自分の相撲を取り続けることができたという、努力と幸運の賜物なのです。

また、栃ノ心は元々番付が下の力士に強く上位の力士に苦戦するという東欧出身の力士にありがちな特徴を持っていたため、上位と下位を行き来するタイプだったのですが、怪我を経て相撲が改善された結果三役に定着し、２０１８年には大関昇進を果たしました。

他にもこのように、大怪我を負った後で十分に休場することで元の相撲を取り戻し、さらに自身の相撲を磨いた結果、怪我を負う前よりも輝きを放っている力士として照ノ富士が思い出されます。元々は相手の相撲を受けた後で持ち前の怪力で振り回して強引に倒すスケールの大きさが魅力でしたが、復帰後は出足を磨き、また立ち合いで自分の形を作って相手に力を出させないという上手さを覚え、体に負担を掛けずに勝てる相撲にモデルチェンジすることができました。

このように、栃ノ心や照ノ富士のように十分休むことが当たり前になる環境が理想であり、その選択肢があれば元いた地位に戻るだけでなく前の自分を追い越すことすら可能です。ただ、彼らのように全盛期以上に成長できる力士はそういません。宇良は金星を挙げた経験があったり幕内上位にも進出経験のある力士でしたが、大怪我を負い序二段まで落ちました。そして、地位を落とすリスクを取りながら長期休養を経た復帰後、もう一度大怪我をしてしまいました。その後ようやく関取に復帰することができましたが、長期休場したからといって前の地位に戻れることが保証されるわけでもないので、それも力士達が強行出場という選択を取る理由の一つと言えるかもしれません。

ここまで様々な力士のエピソードを紹介してきました。これらを踏まえたうえで本来あるべき姿として提示したいのが「長期休場するような怪我を負った場合の救済案」です。これを実現するために必要なのが公傷制度というわけです。

導入する場合のネックになるのは、公傷制度による救済を安易に受けようとする力士が増えることです。そうならないために、制度設計の工夫が求められます。以前のように全治2カ月の診断書が乱発されたのでは何も変わりませんし、出場している力士のモチベーションが著しく低下するでしょう。つまり大事なのは、力士を救済しつつ公傷制度を使用するうえで相応のリスクを設けるというバランスです。

そういう意味で以前私が提示したことがあるのは、全休であれば5勝10敗程度の成績として換算するものです。そしてこの期間の給料に関してはある程度減額をする。このような形にすると全休の時のように番付が急降下することはなく、栃ノ心のようなケースであっても十両には留まれるレベルになるわけです。

また、メジャーリーグのように故障者リスト、いわゆるＤＬ制度を参考にするという案もあります。怪我をした際に故障者リストに入る期間を設定し、復帰後は期間に応じた番付から再起するという仕組みです。最初の宣言時から思った以上に回復しない場合は再度行使することも可能にすれば、フレキシブルに怪我と向き合うことができます。

従来の公傷制度は一度の全休が据え置きになるルールでしたが、これでは2場所を超えて長期休場する場合の地位降下をそれほど防止できないという問題点があります。診断書に関する問題もさることながら、制度上の課題としてはむしろこちらのほうが大きいのではないかと個人的には思います。力士人生を左右する類の大怪我を負った力士はその時点で番付が大幅に降下するリスクが発生し、これを呑《の》んだとしてもそれに見合った成果が得られないこともある。これでは照ノ富士や栃ノ心に続いて、長期療養という勇気ある決断をする力士が今後現れない可能性があります。

公傷制度が廃止になったのは２００３年のことです。そこから18年が経過しましたが、日本出身力士の中で横綱昇進しているのは稀勢の里のみです。朝青龍と白鵬の全盛期に重なっていることや、将来有望なアマチュア力士が大相撲を選択しなかった時期と重なっているのも理由の一つではありますが、怪我によって将来は横綱になれたはずの力士がキャリアを閉ざされてきた可能性もあります。個人的にはそのような事情から、まずは公傷制度の是非について議論するところから始めてほしいと考えています。

ただ。

ここまで公傷制度の必要性について訴えてきましたが、力士を力士たらしめているのはその矜持《きょうじ》でもあるのです。額《ひたい》が割れても平然とした顔をし、時にはテーピングもせずに強い気持ちで土俵に上がり続ける。そんな人知を超えたところに力士の凄味があり、大相撲独自の世界を作り上げていることも事実です。他のスポーツと同じように力士を守るとしたら、力士としての美点が失われてしまうのではないかという疑問もあります。それではお相撲さんではなく、スポーツ選手と変わりないではないか、と。

現行の制度では守れない力士もいます。そして、実際に怪我に耐えながら本来のパフォーマンスからはほど遠い状態で相撲を取り続けている力士もいます。彼らを守る仕組みを用意することで大相撲がどのような形に変わっていくのか。それは誰にもわかりません。一度動き始めると、世界は変わってしまいます。変化させた側の人間は、そこに責任を負わねばなりません。だからこそ、大相撲の世界を変えることは難しいのだと私は思います。

最後に、現行の制度の是非という点について考えさせられる出来事がありました。

２０２１年の４月末、三段目力士である境川部屋の響龍《ひびきりゅう》さんが、三月場所の取組中に起きた事故で亡くなったのです。

この死については、立ち合いの衝撃により頸椎損傷という重傷を負ったことが原因だったと言われています。私が知る限りでは、大相撲で取組中の怪我が原因で亡くなるという事例が過去になかっただけにショックを受けました。確かに平均体重１６０kg同士が至近距離から相手を吹き飛ばすために全力で当たるのですから、死に至らずとも身体にはダメージが残ることになります。

死という重い現実を前に、考えねばならない点は二つあります。衝撃を緩和するためにルールを変更すべきか、そして仮に大きな事故が発生した場合、早急にケアするための体制を確立すべきかということです。

大きな怪我を起こさないこと、そして起きた時に影響を最小限に抑えることを考えるのは必須です。前者について真剣に着手するのであれば頭で当たることを禁じたり、体重を制限したり、仕切り線の間隔を拡げたり、防護用のヘルメットを着用したりという案が出てくるかと思います。後者に関しては既に議論が出ており、土俵際にメディカルスタッフを常駐させ、場所前にメディカルチェックを実施したり健康窓口を創設するなど、相撲協会が力士の健康状態を管理するためにきめ細やかな対応を行うような対応の必要性が叫ばれています。ただ、力士を守ることによって相撲という競技の性質が変わる可能性があります。

力士のコンディションを把握し、素早いケアを行うことが競技内容自体にそこまで大きな変化をもたらすことはないかもしれませんが、事故を根本的に防ぐために頭から当たらない形へと舵を切るのはとても難しいことです。何故なら事故を防ぎ、力士を守るために取った行為が大相撲の魅力を削ぐことにも繋がりかねないからです。力士を守るという視点は当然大事なのですが、相撲を守る視点も同じくらい大切なのではないかと思うのです。

悪い事件が発生すると再発防止のために極端な方に世論は動きがちですが、大相撲は世間を相手にしなければなりません。相撲以外に大きなニュースがあると悪いニュースが忘れ去られることもあるので、黙殺するのも一つの手ではあります。しかし、黙殺だけでは世間との信頼は構築できません。だからこそ大きな事件が起きた時にはあるべき姿を模索し、毅然《きぜん》と発信する強さが求められます。そして、それが今の相撲協会に足りていないことが残念でならないのです。

Q29　「貴の乱」って結局何だったのでしょうか？　貴乃花親方と相撲協会の間でゴタゴタが起きたことはボンヤリと覚えていますが、詳しい構図を教えてください。

「貴の乱」については、事実をベースとして考える必要があるかと思います。

なぜなら、この件については貴乃花、相撲協会どちらの側に立っているかで論調が大きく異なりますし、推測や感情論によって言い分が一方通行になりがちだからです。最近の報道は大相撲に限らずどちらかを善、どちらかを悪という二元論で語りがちで、書いている本人がそのことに無自覚なまま記事が独り歩きしています。

さらには人それぞれ自身の考え方があり、記事や番組を自分の信条に合わせて選定する傾向にあります。インターネットが普及し、多様な意見がピックアップできますので、意識すればバランスを取ることも可能ですが、視聴者も時間は有限なので、ある報道に対してそこまで掘り下げる人は僅かです。結果として、ある一方に偏った意見に影響されやすいと言えるのではないでしょうか。

ということで、「貴の乱」について時系列でまとめてみましょう。
発端は、当時の横綱の日馬富士が、貴乃花部屋の力士である貴ノ岩を暴行したことでした。

２０１７年10月26日
横綱の日馬富士が秋巡業中、鳥取の宴席で酒に酔い幕内の貴ノ岩を暴行

２０１７年11月13日
「右《う》中《ちゅう》頭《ず》蓋《がい》底《てい》骨折、髄液漏《ずいえきろう》の疑いなど全治２週間」の診断書を提出
※この時点で既に鳥取県警に被害届を提出済

２０１７年11月14日
日馬富士が貴ノ岩への暴行を認め、謝罪
相撲協会が危機管理委員会を招集

２０１７年11月17日

鳥取県警が両国国技館で日馬富士に任意で事情聴取

２０１７年11月22日
貴乃花親方が危機管理委員会の貴ノ岩への聴取協力要請を拒否
※ここで貴乃花親方と相撲協会との対立が表面化

２０１７年11月29日
日馬富士が引退届を提出し、相撲協会が受理

２０１７年12月11日
鳥取県警が傷害容疑で日馬富士を書類送検

２０１７年12月13日
貴乃花親方が検察の処分が出るまで貴ノ岩への聴取を拒否していたことが判明
※12日の時点で危機管理委員会に対して右記の旨を記した文書を送付していたとのこと

２０１７年12月20日
相撲協会が臨時理事会で暴行問題について協議し、日馬富士の師匠である伊勢ケ濱親方が理事を辞任
暴行現場に居合わせていた横綱の白鵬と鶴竜は減給処分を下される

２０１７年12月28日
相撲協会が臨時理事会で貴乃花親方を理事解任処分に

２０１８年１月４日
相撲協会が臨時評議員会を開き、貴乃花親方の理事解任決議を審議し承認

２０１８年２月２日
理事候補選挙が開かれ、貴乃花親方が得票数２票で落選

２０１８年３月９日
貴乃花親方が代理人弁護士を通じて内閣府の公益認定等委員会に適切な是正措置の勧告などを求める告発状を提出したと発表

２０１８年３月14日
三月場所４日目まで貴乃花親方が欠勤

２０１８年３月18日
貴乃花部屋所属の十両の貴公俊《たかよしとし》が取組後、付け人に暴行を加えていたことが判明

２０１８年３月28日
相撲協会が貴乃花親方の協会に対する反発行為を受けて二階級降格処分を下す
また、同日に貴乃花親方が内閣府への告発状を取り下げ

２０１８年６月22日

貴乃花一門が消滅。以降は阿武松《おうのまつ》理事を中心とした「阿武松グループ」に名称変更することに。貴乃花親方は同グループを離脱して無所属に

２０１８年９月25日
貴乃花親方が相撲協会に退職届を提出

ここまでの流れから客観的に理解できることをまとめます。

・貴乃花親方と相撲協会の間で日馬富士による暴行問題の対応について対立が生じた
・対立を深めた貴乃花親方は相撲協会に反旗を翻し、相撲協会の意向とは異なる行動を取った
・相撲協会は貴乃花親方の行動が看過できないものとして、処分を下した
・貴乃花親方は理事選に立候補するも落選（状況を打破したかったのだろうか）
・相撲協会との対立と自身の行動、そして弟子の不祥事により立場をなくした貴乃花親方は自ら相撲協会を去った

暴行事件の対応について意見が分かれたこと自体は悪いことではありませんが、自らの意向に沿わぬ対応をしている相撲協会に対して反旗を翻し、危機管理委員会の聴取を拒否したというのが悪手の始まりでした。ここで論じたいのはどちらの意見が正しいか、ではありません。貴乃花親方はこの時点で相撲協会に所属している立場であり、相撲協会は相撲協会の意向で問題解決に向けて動いていたわけです。しかし、貴乃花親方はこの意向に反する行動を取ってしまった。

聴取の拒否だけならまだしも、三月場所に欠勤する意味は果たしてあったのでしょうか。5日目以降は出勤後にすぐ退席しています。いくら相撲協会と対立しているからと言っても、そして対応に到底納得できなかったとしても、この行動は正当化できるものではありません。相撲協会の対応と貴乃花親方の言い分についてどちらが正しいかということは、ここでは問題ではありません。貴乃花親方は単に立場を失うように振る舞い、相撲協会は組織として然るべき処分を下した。客観的に見るとそういうことだと言わざるを得ません。

相撲協会と対立した貴乃花親方がどのような意向で理事選に出馬したのかはわかりませんが、一門として阿武松親方へ投票するという流れがある中、後ろ盾がない状態での戦いだったことは間違いありません。相撲協会を見限り、自らを応援してくれる親方の出現を期待したのかもしれませんが、結局それは叶わなかった。ゆえに敗れてしまった。

もっと上手く立ち回っていれば、状況は異なっていたかもしれません。ただ、組織の中で処分されても仕方のない行動を取ってしまったことについては言い逃れができないことでした。貴乃花親方が相撲協会との対立構図を作った時、相撲協会に所属する人間としての範囲で対応しておけば少なくとも協会を去ることはなかったので、そこは残念でした。

そしてこれは最大の問題かもしれませんが、貴乃花親方が何をしたいかがよくわからなかったのです。敗因はそこにあるのではないかと思います。

貴乃花親方は暴行事件の被害者である貴ノ岩の師匠であり、師匠として相撲協会の対応に不満があったせいか協力を拒否しています。ただ具体的に何が不満で、どのような対応を望んでいたのかが広く知られることにはなりませんでした。内閣府に告発状を提出していますが、相撲協会のどのような点に不備があり、貴乃花親方が腹に据えかねたのかが見えなかったのです。被害者の師匠として相撲協会の対応に反発していることはわかりましたが、問題点について論理的に自分の口から語り、どうあるべきかを示せたとしたら風向きは違ったのではないかと思います。

情報の入ってこない我々は、貴乃花親方は相撲協会の対応を拒否している、反発しているという事実からその意図するところを類推し、貴乃花親方に好感を抱き相撲協会に反発する人たちは、貴乃花親方が旧態依然とした相撲協会のやり方を抜本的に変えようとしていると捉えたのではないかと思います。ただ実際のところ何に対して反発しているかはわからず、また理事選に出馬した際も、未来の相撲協会にどのような絵を描いていたかは見えないままでした。

表面に出ている事実から振り返ってみると「貴の乱」は日馬富士による暴行事件に端を発した相撲協会と貴乃花親方の対立であり、世論と親方衆を味方に付けられなかった結果、政争に敗れた貴乃花親方が相撲協会から去ったということになります。既に書籍が出ており、また動画などでもこの件について語っている方もいらっしゃいますが、バイアスを抜きに現時点で収集可能な情報を元にして考えると、このようなことだったと理解していただければと思います。

不祥事というのは良くない話ではありますが、もし世間が思うように貴乃花親方が改革者として手腕を振るいたかったのだとしたら、果たしてどんな絵を描いていたのか。部屋を興した当時、古くからのタニマチを排しサポーター制度を導入した時も、理想は高かったのですが現実的には衰退の道を辿ってしまいました。何かを変える時に人は明るい未来を描きがちですが、変えた結果現状の良い部分を壊してしまうこともあります。そのため、多くの人から支持される形を模索しなければなりません。振り返ると貴乃花親方は、反発を招きすぎていました。繰り返しますが、これは彼の主張の是非とは別の話です。どのような方法であっても、組織と世間に受け入れられるための工夫こそが必要だったのです。あまりに自分と理想に純粋過ぎたのかもしれません。

「覆水盆に返らず」と言いますが、せめて貴乃花親方がどのような大相撲の未来を描いていたのか。そして今の大相撲に対してどのように感じていたのか。自分の口で語る姿を今更ながら拝見できたらと思わずにはいられません。「貴の乱」は大相撲にとって、失うものがあまりに大きな出来事でしたから。

Q30　西尾さんが相撲にハマったきっかけは何だったのでしょうか？

私は今40歳なので、世代的に子供の頃から大相撲を観るのはそれほど特別なことではありませんでした。また父が相撲好きだったこともあって、自然とNHKにチャンネルを合わせてその日の取組を大体見ていた記憶があります。

アンチ千代の富士の父の影響からか当時一番強かった千代の富士を応援する気にはなれず、むしろ千代の富士に勝つ可能性のある力士は誰かという目線になりました。勝ちっぷりからすると小錦を選びそうなものですが、私が最初に選んだのはなぜか北尾《きたお》（後の双羽黒）でした。確かに当時の力士の中では若く、能力も間違いないのですが、何がきっかけだったのかはあまり記憶にありません。ただ、強い者に惹かれるよりも強いものに対抗できる誰かを応援するという気質が、これをきっかけに養われたように思います。

北尾がいなくなってからは両親の実家が鹿児島であることから、当時全盛期だった井筒《いづつ》部屋の力士を中心に観るようになりました。小学校2年生の時に進研ゼミのテストで、赤ペン先生に質問できるコーナーがあったのですが、そこに「先生の好きな力士は誰ですか？　僕は逆鉾《さかほこ》です」と書いて「渋いですね」と回答が返ってきたのは、子供も大人も大相撲を観るのが普通だった時代を何よりも如実に物語っていると思います。今だったら赤ペン先生もだいぶ困るんじゃないのかなぁ。このくらいの時期には十両にも手を出し、大竜《だいりゅう》や鬼雷砲《きらいほう》、大善《だいぜん》が昇進していくところを観ていました。当時は普通の流れだと思っていましたが、今考えてみるとかなり相撲が好きだったんだなと思います。
若貴の活躍も当然観ていました。ただ、94年頃になるとその他のスポーツも同じように楽しむようになりました。ヤクルトファンでしたし、当時盛り上がっていたサッカーもJリーグや日本代表の試合を観るようになりました。「思春期あるある」なのかもしれませんが、相撲を好きだと公言するのが気恥ずかしくなるんですよね。観てはいるけど、北尾や井筒部屋の力士を応援していたあの頃に比べると、熱量はかなり落ち着いていました。

転機となったのは２００４年。「全日本相撲選手権」というアマチュア力士の大会を偶然観ていた時のことです。

普段はアマチュアの試合は気にも留めないですし、立ち合いの駆け引きやガッツポーズなどがどうも苦手で観ないのですが、高校生で決勝トーナメントまで残っている凄い力士がいるということだったので、どんな力士か気になりました。子供の頃に久島《くしま》という力士がやはり高校生でこの大会を制し「絶対に久島は大関にはなる」と父が言い続けていたことが印象的だったので、あの久島に並ぶかもしれない高校生を観たくなったのです。

その力士の名前は、澤井豪太郎。

後の豪栄道、現在の武隈親方です。

そして決勝トーナメントの準々決勝で澤井が当たる相手が、学生横綱だというのです。どんな凄い力士が出てくるのだろうか。この一番に勝てばいよいよ優勝の目が出てきます。ただ、この力士の名前を観てさらに驚きました。

吐合明文。

……なんか凄い名前の力士が出てきました。「はきあい」と読むのですが、こんな変わった名字があるのかと、呆気《あっけ》に取られてしまいました。怪物の澤井と珍名の吐合の対戦ということで、私の興味はどちらかといえば吐合に移っていました。

結果は、澤井の圧勝。

ちなみに予選リーグでも澤井は吐合に勝っていました。

正直なところ、準決勝以降の結果を私は何も覚えていません。それくらい、この一番はもとより吐合という名前のインパクトと、学生横綱の立場で高校横綱に連敗してしまったことに唖然《あぜん》とし、その余韻に浸っていた感じでした。

中継後、吐合がプロ入りするということはなんとなく認識していましたが、存在そのものを忘れていました。そして私も20代で忙しく仕事をしていたことから、さらに大相撲への興味は薄らいでいました。ちょうど朝青龍が最強でありながら物議を醸していた頃でもあったので、無駄に感情を揺さぶられたくないという思いもあったように覚えています。

そして、いつだったかは記憶がありませんが、ＩＴの仕事で夜勤が多くなっていた私は出勤前に何となくＢＳを観る機会が増えていました。特に目的はなく、なんとなくリラックスしたいというくらいのものでした。

すると、観客がほとんどいない中で相撲を取る力士の中に吐合がいたのです。

ＮＨＫの相撲中継というと十両以上の取組であれば地上波で観る方もある程度いらっしゃるかと思いますが、私がその時観たのは幕下でした。忘れていた吐合が、観客の少ない中で力士を続けている。失礼な話ではありますが、その光景が少し面白いものに見えました。学生横綱だった力士が、幕下でもなかなか勝てずにいる。なぜ幕下で勝てないんだろう。そんな半笑いの興味でしたが、私はそこから少しずつ幕下の取組を観るようになりました。相撲に戻ってきたのです。

吐合が実は両膝を大怪我し、一度は番付外まで落ちていたことはその後で知りました。吐合を観ながら実は幕下は２日に１度しか取組がないことや原則的に同程度の成績の力士としか対戦がないことなど、基本的なことを少しずつ覚えていきました。一つ一つの発見が新鮮で、小窓から珍しい世界を観るような楽しみではありますが、自分のフィールドを見つけたような気にさえなっていました。

吐合を追うことがきっかけで、対戦相手となる力士のことも理解するようになりました。幕下というのは伸び盛りの叩き上げ、粗削りの外国人、大卒のエリート、そして十両から落ちてきた力士達が少しずつ足りないものがある中で十両に上がろうとして闘う場であることがわかりました。１００kgにも満たないガリガリの力士もいれば、肥満体の延長線上のような体型の力士もいます。

幕下の相撲は洗練されていないので、十両以上の相撲の目線で観ているとちょっと驚くような展開になることもありました。きちんと型を作っておけばあっさり勝てるような状況なのに、勝負を急いで逆転負けを食らう力士もいれば、自分からはあまり動くことなく、向かってくる相手を組み止めて身動きが取れない状態にしてから仕留めるようなスタイルの力士もいました。あるいは、そういう力士達を全く相手にせずに番付を駆け上がっていくような逸材もいました。

そして、吐合の相撲はとても面白いものでした。体はないのですがスピーディーに当たり、先手を取りながらいなして相手を崩していくスタイルです。ただし、十両を目指すには少し足りないところがあり、幕下の上位にはなかなかたどり着けずにいました。そんなもどかしいところも含めて吐合を応援する気持ちが高まっていました。

知れば知るほど幕下の相撲に面白さを感じ、誰に伝えるわけでもないのですが自分の中で幕下の面白さを体系的に理解するようになっていたのです。

そんな時のこと。友人がインターネットでラジオ放送をするということで私はゲストとして呼ばれました。

30分間、何か好きなことについて話して良いということだったので、どうせだったら誰も知らないような話をしたほうが面白いだろうと思い、「幕下の相撲はどうでしょうか?」と提案しましたが、友人は呆気に取られていました。何が面白いのかまるで想像できなかったのでしょう。それでいいということにはなりましたが、方針としては私が誰も知らないような幕下の話をする中で、「意味がわからない」と2人が突っ込みを入れるような形になる、筈《はず》でした。

ところが、幕下の話が想像以上に盛り上がったのです。意味がわからないのは間違いないのですが、どうやら私の熱量が伝わったようでした。わからないなりに楽しんでくれたお陰で、30分の時間枠だったのに1時間喋り続けました。基本的にはずっと吐合の話をしていました。

そこで友人から「これは記録に残したほうがいい」と勧められました。どうせなら多くの人が読んでくれる媒体がいいだろうと私は思い、当時スポーツナビで運営されていた「スポーツナビブログ」という無料ブログのＰＶ数が桁違いであることに目を付け、２０１１年７月から開始しました。インパクト重視で、タイトルは「幕下相撲の知られざる世界」としました。

どこに需要があるかはわかりませんでしたが、とにかく吐合と幕下の面白さが伝わればいい。自分の中では整理されているこの話をスポーツナビブログのようなよく読まれるサイトに書いたら果たしてどうなるだろうかという興味と、書くことそのものに対する楽しさを覚えていたこと、そして管理職になりたてで、上長から深刻なパワハラを受けており捌け口を求めていたこともあり、吐合と幕下とブログを楽しんでいました。

気が付くとブログのPVは1日に2万を超えることもありました。ブログを始めて間もない頃の話です。幕下の相撲や吐合にここまで需要があるとは全く予想していませんでした。

そんな中、吐合に最大のチャンスが訪れました。

2012年一月場所、西幕下11枚目の吐合は絶好調でした。持ち前の突き押しで、相手を全く寄せ付けません。普段であれば相手の攻めを許したり、土俵際で逆転を喰らったり、どこかうまくいかない部分が出てきます。相撲というのは似たような実力の力士が対戦するとそれほど勝ち続けられる競技ではないのですが、この時の吐合は違っていました。

後で聞いた話ですが実は吐合の突き押しは特殊で、手で突いた後で同じ腕の肘で突く二段階の押しがあるようで、相手は思った以上に押されるというのです。相手は体を残せると思ったら残せないし、反撃できると思ったら不利な体勢が続いてしまう。一番大きな時でも140kg、私が観ていた時は120kg台と体は大きくないのですが、この相撲が取れるからこそ十両に上がれないながらも幕下上位で闘うことができたのです。

ただ軽量の吐合は相手のペースで相撲を取ると不利になってしまう傾向があるため、相手の間合いに入りながらも素早く押し込み、反撃を許さないように自分のペースで攻め続けるという、非常に難しい相撲を取る必要がありました。相撲は上手いし、技術もある。でも、上に行くには突き抜けたものがないという中で、相手に何もさせずに自分の相撲を取り切る形が遂にできたことで吐合は連勝を重ねます。

4連勝で迎えた5番目の相撲の相手は同じく4連勝の千代《ちよ》鳳《おおとり》。

19歳と非常に若い彼は幕下筆頭でこの場所を迎え、あと3番を残してもう既に来場所の十両昇進が濃厚な成績でした。体格に恵まれ、威力ある突き押しと引いても落ちない強靱《きょうじん》な足腰を持つことが特徴的な有望株は、ここまで相手を全く寄せ付けない完ぺきな内容で勝ち続けていました。吐合目線で見ていると絶対に当たりたくない相手でした。絶好調とはいえ吐合が最初の当たりを五分で凌ぎ、自分の攻めを展開する絵がまるで想像できなかったのです。

ただこの取組、吐合が勝ちます。

立ち合いは素早く当たって五分で凌ぎ、そこからは完全に吐合のペースで進みました。千代鳳は後手に回らざるを得ず、凌いでいる間に取組が終わってしまいました。

ここまで凄い相撲が取れるとなると、期待してしまいます。幕下だと15枚目以内であれば全勝すると十両昇進が濃厚になりますが、私の中ではこの千代鳳が最大の難関だと認識していました。それほど千代鳳が幕下の中では際立った相撲を取っていたのですが、これを退けたことでいやが上にも期待が高まりました。次の熊谷《くまがい》（現：錦木《にしきぎ》）にも勝利し、いよいよ十両が掛かる大一番を迎えます。

29歳の吐合にとってはラストチャンスになる可能性のある一番。本来は全勝同士の対戦になるところでしたが、もう一人の全勝である佐久間山《さくまやま》（現：常幸龍《じょうこうりゅう》）が同じ北の湖部屋だったことから別の対戦相手が組まれることになりました。

その力士は、元幕内の里山《さとやま》でした。どうにかこの一番をものにしてほしいと願いながら、現地で観戦するのは怖くて、テレビの前で祈るように観ていました。この時、私は吐合のことを半笑いで観ている部分が一つもありませんでした。

1分を超える大熱戦。

死闘でした。

勝ったのは、里山でした。

里山が良い力士だということは知っていました。ただ、調べてみると吐合よりも１学年上の里山も、関取経験がありながら約４年間の幕下生活を経て十両に返り咲き、さらにまた幕下に転落した勝負の場所でした。幕下筆頭の里山は３連敗からの３連勝で、この一番に勝てば十両、敗れるとさらに番付が落ちるという状況でした。

つまり人生を賭けた大一番だったのは、吐合だけではなかったのです。

年収約１０００万円の幕下力士が１２０人いる中で、年収１０００万円以上の十両に上がれるのは毎場所４人程度。同世代が学校を卒業し、仕事を覚え、収入と経験を積み、家庭を持ち、公私共に責任が増す中で、番付が一つ違うだけでこれだけの待遇差が発生する理不尽を受け入れて、それでも十両を目指して誰もが等しく努力を重ねている。

成功者たちは「諦めなければ夢は叶う」とよく言いますが、幕下の力士達は１２０人がそういう思いを抱いて闘っています。１２０通りのドラマがあるのです。もちろん、狭き門であることは誰もが理解しています。夢が叶わずに大相撲の世界を去る先輩の存在も、数多く目にしています。

私は吐合がここで勝ったとしたら、誤ったメッセージを受け止めたことと思います。当然吐合には勝ってほしかったし、今もあの時の映像を観ながら、何かの間違いで一度くらい里山に勝ってもいいのではないかと思うこともあります。ただ、現実が変わることはありません。両膝の故障で２年間まともに相撲が取れない中で再起し、自分の相撲を新たに構築し、ようやく完成した場所であと一番が勝てなかった。これが、現実です。

翌場所を東幕下２枚目で迎えた吐合は、場所中に臀部《でんぶ》に腫瘍（平たく言うとお尻のおでき）ができたため途中休場した結果大きく番付を落とし、十両を目指すところまで地位を上げることなく２０１５年に引退しました。一方で里山はこの後、小さな体で潜る相撲が人気を博して長く活躍し、２０１８年に引退。佐ノ山《さのやま》親方として相撲協会に残っています。

吐合は引退した時「あの時怪我をしていなければ十両に上がれたかもしれないし、上がれなかったかもしれない」という言葉を残しています。全てが順調に行った時の未来を描き、それが叶った可能性を口にしながら、一方で不運が重なる中で努力を続けながらも夢を手中に収められなかった厳しさも知っているからこそ、どちらの可能性にも言及しています。最後くらい強がってもいいのではないかと思いましたが、それができなかったところに大相撲と幕下の厳しさを痛感するのです。

最初は面白おかしく、地上波では観られない大相撲があるということを語りたい思いから始めたブログでした。また、多くの人が知らない面白さにたどり着き、その理由を説明できることに喜びを感じたことこそが30歳を前にして大相撲に帰ってきた理由でした。ただ、吐合の活躍と引退までをリアルタイムで追いながら大相撲と幕下を学び、伝える内容が変わったように感じました。

奇しくも吐合の引退した２０１５年から私は相撲ライターとして仕事をいただき、時にはデータで相撲を語り、時には大相撲に関するニュースの是非を論じるなど、幅広く活動しています。根底にあるのは相撲の魅力を発信したいという思いで、それは大相撲の世界で悪戦苦闘する吐合を発見したあの時から変わっていません。苦言を呈する時もありますが、それはこのような素晴らしくも理不尽な世界が近い将来衰退していくことを懸念しているからです。

２０１２年一月場所の吐合のあの素晴らしい相撲を求めて、私はこれからも大相撲を観続けることになると思います。しかし、そんなことがもう起きるはずがないということも知っています。なぜならあの頃の私は大相撲についてあまり知らず、比較になるような過去の記憶もなく、全てが新鮮だったからです。ですからまだ大相撲をそれほど観ていないような、この本をきっかけに一度大相撲に触れてみたいと思う方が私は羨《うらや》ましくて仕方ないのです。その人にとっての吐合に、今なら出会えるかもしれないのですから。

あとがき

私は今、相撲ライターを名乗って活動していることがどこかでまだ信じられないと思うことがあります。それは10代の頃にスポーツライターという職業に対する憧れがありながらも、世界が遠すぎて夢として描くことさえできなかったからです。

スポーツ紙を購読する家庭環境で育ったのは普通なことだと思っていましたが、そんな家庭は稀であることをのちに知りました。ただ、私の中でスポーツを観ながらそれを補完する存在としてスポーツ紙が身近にあるのは自然なことでした。

授業で習うよりも先に大半の漢字や文章表現を覚えていたことから、国語は得意でしたが授業そのものはひどく退屈だった記憶があります。なにせ父の買ってきた「Ｎｕｍｂｅｒ」を読んだ翌日に「スイミー」や「ごんぎつね」を音読し、感想文を書かされるのですから。

スポーツライティングというジャンルに興味を示したことは当時の自分を助ける結果にはな

りましたが、好き過ぎるせいか文学作品などの他ジャンルには手を出さなかった結果、スポーツ紙の記事のような文章構成と表現で作文を書く、奇妙な小学生になっていました。

中学・高校時代は同じようにスポーツライティング作品やスポーツ紙を読む少年であることに変わりはありませんでしたが、大学の進路を考えた時にそちらの道に進むことは不思議と選択肢に浮かびませんでした。好きであることと自分が書き手に回るということが繋がらなかったのだと思います。授業で読んだ「風の学校」という作品中の発展途上国で井戸を掘る話に興味を抱き村落開発の道を志しましたが、この話を書かれていたのがスポーツノンフィクション作品を数多く残されている沢木耕太郎さんだったことは今思うと何かの縁だったのかもしれません。

ただ、大学で学んだことが直接将来に繋がるわけではないということを私は知ることになります。18歳の頃に興味を示した村落開発に対して、21歳の頃の自分がそれほど情熱を抱けていないことに気づかされたからです。共に学んでいた仲間が青年海外協力隊に志願して現場で経験を積む道に邁進《まいしん》しているのを横目に、何が向いているのか、何がしたいのかがまるで見えなかった私は業界を問わず手広く就職活動をする道を選びました。

そしてその過程で、当時流行っていたインターネットプロバイダーによるチャットサービスでフリーライターの方と知り合い、自分が書き手になるという選択肢があることに気づかされました。どうやらアルバイトであればプロレス誌の働き口があるそうなのです。自分が好きなスポーツライティングの世界で生きていくことができたらこんなに幸せなことはないし、文章に自信がないわけじゃない。むしろ、好きなことについて書けば上手くいくのではないか？　ほとんど根拠のない自信でしたが、私は彼に自分の文章を見せました。

結果は、散々でした。
まるで私の書くものが伝わらなかったのです。

何を言われたかは全く覚えていませんが、何一つ褒められなかったことだけは明確に覚えています。文章構成や論旨について丁寧にアドバイスをいただきましたが、私が欲しかったのは文章に対するアドバイスではなかったように思います。もし私の書くものに少しでも光るものがあれば肯定的な何かが返ってくると思いましたが、アドバイスしか返ってこなかった。評価と後押しが欲しかったのに。この時、私は好きな世界で生きていくという選択肢を消しました。ただ、「諦めた」というほど何かを断ち切ったという感覚はありませんでした。元々遠い世界だと思っていたからです。

結局私は深い考えがあったわけではなかったのですが、福島の学習塾で国語と英語の講師になりました。２００３年新卒という時代的背景でなければ異なる働き口があったかもしれません。ただこの時受け持っていたクラスには学校の授業についていけないタイプの生徒がいたことから、誰と接するにも、何を話すにも、整理してイチから伝える形を取ることになりました。実家に戻らざるを得なくなったために学習塾は１年で辞めましたが、良くも悪くもこの部分は自分の特徴として残ることになりました。

そして、２００５年頃にＳＮＳが、というよりｍｉｘｉが流行しました。

見知らぬ誰かが自分の文章を読んでくれることが楽しく、また人と人が数珠《じゅず》つなぎで繋がっていくというワクワク感から、私は日常に関する話を掲載し続けました。どうやら私の説明的で清濁全てを整理するスタイルがＳＮＳと相性が良かったようで、多くの方に読んでいただけるようになりました。起承転結を付け、自己満足にならないように、誰でも読みやすい文章を書くという基礎はこの時毎日のように試行錯誤して覚えたものです。ただこの時は匿名の誰かが書くものなので、身内で楽しむ程度の規模に止まりました。

詳しくはQ30にも書きましたが、２０１１年に始めた相撲ブログ「幕下相撲の知られざる世界」は、幕下力士である吐合を追いかけながらも幕下について語ることで相撲の厳しさと残酷さ、シビアな世界だからこそ見える面白さを記録に残すためのものでした。しかし、次第に記事の対象が大相撲全体に波及し、良いことも悪いことも遠慮なく書けるという性格から多くの方に読んでいただけることに繋がり、幸運なことに２０１５年に静岡新聞の浜松巡業特集記事を担当してからは相撲ライター・スポーツライターとして活動するに至りました。

今の私は、子供の頃にスポーツ紙を毎日のように読んでいた割に夢として描けなかった世界で活動しています。就職活動中に可能性を見出されなかった私が今は機会を与えていただいています。「諦めなければ夢は叶う」という陳腐《ちんぷ》なセリフを伝えるために自分の過去を作ることもできますが、私の経緯は決してそういうものではありません。一心不乱にライターになるために研鑽を積んだわけでもないし、リスクある選択をしてきたわけでもないのです。一言で表すと、運が良かったのだと思います。

もし新卒の時に学習塾に就職していなければ、説明的なスタイルはできませんでした。また、社会人としてそれなりに余裕のある時期にＳＮＳが流行っていなければ、文章を書く訓練はできませんでした。さらにブログが多くの方の関心を集められる時代でなければ、狭い世界のわかりづらい話で終わっていたことでしょう。

特に、最後のブログ文化については本当に時代がマッチしたと思います。２０２１年はもはやブログの時代ではありません。今は長い文章ではなく、短文か映像での表現が好まれます。海外で一般人のブログがスポーツ界に好影響を与えたことからスポーツナビブログが始まったという経緯があったと聞きますが、それでも完全なアマチュアからプロになれたのは５人くらいしかいないそうです。

もう一つ付け加えると、大相撲には他の競技と比べると深掘りした記事が少ないということもあります。インタビュー記事でも技術論を解説するものはあまり見られないですし、物議を醸す事件が発生しても身内から浄化作用が働きにくい業界と言えるかもしれません。批判記事はあっても反対側の目線について言及されにくく、分断が起こりやすいことも特徴です。

こうして見ると、全ての条件が私にとって追い風になっているのです。

本を書くこともこれまで活動を積み重ねた結果としていただけたお話ではありますが、喜びだけではなく戸惑いの感情を抱くのは、ここまで運の良さがあってのことだと思っています。いつこの魔法が解けてしまうのか？　という不安もありますが、必要とされなければそれはそれで仕方がないことかなという思いもあります。

それにしても、本を書くことは一つのチャレンジでした。８万〜10万字が必要という話を聞いた時に最初に思ったのは、「そんなことができるのか？」

実はこれまでも何度か本の執筆依頼はいただいてきましたが立ち消えになってきた経緯があり、悔しい反面、少し安心していたのは先行きの読めないチャレンジで、形にならないかもしれない不安があったからだと思います。

ただ、今回いただいた話については勝算がありました。私の強みは一つのテーマに沿って３０００字の中で伝えることです。このスタイルはこれまでのキャリアの中で培ってきたものなので、相撲の入門書というコンセプトを聞いた時にＱ＆Ａ方式にすることで一つのテーマで３０００字に収める方法を思いつきました。

相撲をあまりご存じない編集の方から最近の相撲に対する質問をいただき、それについて回答するということを30回繰り返す。どこまで行けるかわからないマラソンを始めることになりました。当初聞いていた執筆期間は半年〜１年でしたが、それだけ長くなるとアイデアが出てこなくなるかもしれないという不安がありました。そこで私は本業を行いながら毎日１本は原稿を仕上げることにしたのです。どこで涸《か》れるかわからないのであれば、短期間で集中して行けるところまで行ってみよう。そう思ったのです。

１月半ばから始めた執筆は、２月初めには終わりました。10万字を書く作業が、３週間足らずで済んでしまったのです。これにはさすがに自分でも驚きました。

これは最初で最後かもしれないという思いと、今まで誰も形にしてこなかったような相撲の本を自分の手で作ってみたいという熱と、本を書いた先にある変化を見てみたいという好奇心に突き動かされたからだと思います。運の良い自分が得た機会で、精一杯のことをしてみたい。今まで自分がここまで来たのは運が良かったこともありますが、一つ一つの仕事を見てくださっている方が機会を与えてくれたことも事実です。本を書くことで誰かが楽しんでくれるかもしれないし、それを読んだ誰かの行動が変わる可能性があります。

先日大きめの本屋に足を運び、スポーツコーナーの棚を眺めながらここに自分の本が並ぶのかと感慨深い気持ちになりました。ただ、よく見てみると、そこに並んだほとんど全ての本を私は知りませんでした。そして、それらが出版されることで世の中の何かが変わったようには見えませんでした。一つの機会ではありますが、私は売れない本を書いただけになるかもしれないし、それなりに売れたとしても消費されて終わるだけかもしれない。書いている時はそこに全てを注ぎ込みましたが、客観的に見るとそれが現実です。

この本を書くことはこれまでの人生を思えばでき過ぎだし、これ以上ない幸せなことではありますが、でも私がここまで来たのは運の良さに助けられた面が本当に大きいことは間違いありません。ただ、これだけ機会を得られているなら評価をされていないわけではない。本を書くということについても、無理なチャレンジと思いながらもなんとか形にすることができたので多くの方の目に留まることを願ってはいますが、世の中の大半の本が持つ力の限界も客観的には理解しています。

ここまで読んでいただいたように、私の中で自分に対する評価も、本に対する評価も、過大評価と過小評価を行き来しています。でも、それでいいのかなと思いますし、そうならざるを得ないのかなとも思います。それだけ普通ではない状況に私は身を置いているからです。

明るい未来を描きながら、一歩引いて自分を諫める。初めての本を書き終えた人間のあとがきには少々相応しくない、何とも言い難い心境ではありますが、私のこれまでの足跡とこの本を書いた経緯についてもご理解いただけると嬉しいです。

2作目があれば、またお会いしましょう。

これが最後であれば……。どうなんでしょう。

とりあえず今は、次もあることを目指して取り組みます。

西尾　克洋

巻末付録　幕内力士42人の紹介・解説

※この巻末付録は２０２１年一月場所時点での幕内在籍力士を紹介するものです

【横綱】

白鵬《はくほう》

相撲を普段見なくても白鵬は知っている人が大多数。それほど、現役力士の中では抜群の知名度を誇る大横綱です。相撲界のあらゆる記録を塗り替え、固定観念に囚《とら》われない相撲を取ることで大ベテランとなった今も出場すれば際立った成績を残す。いずれリアルタイムで「白鵬を見た」ということは一つの価値になるのではないでしょうか。ただ強すぎるがゆえに相手力士に肩入れして観るファンも多く、大相撲への貢献が大きいにもかかわらず気の毒ではあります。サービス精神も旺盛で、優勝インタビューなどの場でお茶目な一面を見せることも。曰く、ファンには「翔《しょう》様」と呼んでほしいんだとか。さすがにそれはちょっと呼びづらいなぁ……。

鶴竜《かくりゅう》

※２０２１年3月24日に引退を発表

実力が過小評価される傾向にありますが、幕内優勝6回は歴代の横綱と比べても決して劣ってはいません。短命だと昇進から2年以内で引退することが多いのですが、鶴竜は既に5年以上横綱在位が続いています。人格者としても知られ、最近は横綱の不祥事が多発する中で悪い噂を聞くことは全くありません。実力・品格共に抜群なのにどうして過小評価されるのかと考えると、「わんわん」と評される親しみやすい風貌と、劣勢になった時に出てしまう引き癖が影響しているのではないでしょうか。もっと評価されてほしい横綱です。ちなみに、個人的にはモンゴル出身力士の中では最も日本語が上手だと思います。

【大関】

貴景勝《たかけいしょう》

上背《うわぜい》はないのですが、強烈な突き押しとそれを活かす引きといなしのコンビネーションで大関にのし上がった実力者です。安定した成績を残すためには四つ相撲を覚えるように提言されることも多いのですが、突き押しへのこだわりからか最近１８０kg台まで増量し２回目の優勝を勝ち取りました。古き良きお相撲さんの佇《たたず》まいを残しており、取組後は喜怒哀楽を出さず「普通です」が口癖ですが、バラエティに出演すると年相応のキャラクターが出るのも面白いところです。これは前の師匠の貴乃花親方の教えによるものなのでしょうか。

朝《あさ》乃《の》山《やま》

久々の学生相撲（近畿大学）出身大関。学生相撲出身の力士は三役までは昇進することができるのですがそこから先が一つの壁で、安定して高い水準の成績を残すのは難しいことです。朝乃山は多くの力士が直面する壁を乗り越えた、選ばれし力士だと思います。また、富山県出身力士というのもレアで、何かと話題になりやすい側面があります。右四つの型になると無類の強さを見せますが、ＣｌｕｂｈｏｕｓｅでY朝青龍が「自分の型にするまでのプロセスに課題がある」と話していました。照ノ富士に連敗しているように、ここのところ苦手な部分もクリアになってきました。大関としての実力は十分、あとはその上を目指せるか。そんな期待をしたい大器です。

正《しょう》代《だい》

朝乃山に続く、学生相撲（東京農業大学）出身大関。大学2年の頃に学生横綱のタイトルを取ったエリートで、三役までは昇進が早かったのですが上位では勝ち越せない。地位を落とすと勝てるだけにもどかしく映ることもありましたが、初三役からおよそ4年で開眼。実は上位ですぐに成績を残せる力士のほうが少なく、近年では4年前後要する力士が多いというデータもあり、この間に身に付けたのが立ち合いの当たりの強さだったのではないかと思います。ネガティブなキャラクターも話題ですが、実力も際立ってきました。30代が目前ですがまだ強くなれます。

【関脇】

照《てる》ノ《の》富士《ふじ》

２０１７年三月場所で手負いの稀勢の里が奇跡といえる優勝をした時の相手力士が、優勝争いでリードしていた照ノ富士でした。横綱大関が盤石だったあの頃、２０１５年に平成生まれで初めて幕内優勝。次世代を牽引する力士として期待が集まりましたが、稀勢の里の優勝時に手負いだったのは照ノ富士も同様でした。トラ柄の着物が似合うかつてのふてぶてしい雰囲気が今はもうなく、パワーとフィジカルの強さでねじ伏せる相撲ではなく先手を取って攻めて勝つ。時間は掛かりましたが長い目で見ると強い相撲を安定して取れるようになったことを考えると、怪我で得たものも大きかったのではないかと思わされます。

隆《たか》の勝《しょう》

幕下に約5年、十両に2年と下積みは長かったですが、幕内昇進からは三役定着まで壁らしい壁がなかった珍しいタイプです。千賀ノ浦部屋の出身で当時は関取がそれほどいない部屋だったのですが、貴景勝や貴源治《たかげんじ》といった旧貴乃花部屋の力士が移籍してきた時期と自身の成長がちょうど重なっていることから、ライバルの存在が大事だと感じさせられます。ニックネームは「おにぎりくん」。力士に似つかわしくない呼び名ですが、所属部屋の公式ツイッターでこのニックネームを使っていることからも、公式認定だと理解できます。それでいいのか……。

【小結】

高安《たかやす》

元大関で、荒磯親方（元：稀勢の里）の後輩。得意の体当たりが決まると無類の強さを見せ、横綱大関が不安定なこの数年で飛躍が期待されましたがあと一歩で優勝を逃す場所が続き、怪我の影響で大関の座を明け渡してしまいました。最近は四つにシフトチェンジし、三役に復帰。誰もが認める実力を誇り爆発的な力を発揮することもありますが、腰高で大一番を取れない。15日をトータルで見ると好成績でも、敗れた相撲のほうが印象に残ってしまう。そんなところまで兄弟子に似なくてもと思うのですが、足りない部分も含めて愛される力士です。

御《み》嶽海《たけうみ》

最高位は関脇だが幕内優勝2回の実力者。最高位関脇の力士で優勝を2回経験しているのは他には琴錦《ことにしき》のみですが、「最強関脇」という称号で呼ぶにはもどかしい逸材です。自分の相撲を取り切ることで上位を食う時と格下相手に不甲斐ない時が交互に出ますが、過剰な期待に応えられないことに起因しているというよりは、「稽古嫌い」と噂される評判に引きずられる印象です。御嶽海のオープンマインドなキャラクターが損なほうに出ていますが、そろそろ大関獲りを。貴景勝、朝乃山、正代よりも御嶽海のほうが先に大関獲りの声は上がっていたのですから。大栄翔《だいえいしょう》や隆《たか》の勝《しょう》の後塵を拝するわけにはいきません。

【前頭】

北勝富士《ほくとふじ》

御嶽海と同学年で、日本体育大学出身のライバル力士。最終学年でタイトルが取れず前相撲からのデビューとなりましたが（アマチュア時代に優秀な成績を収めた力士は幕下から始めることができます）、稽古が厳しいと評判の八角《はっかく》部屋を自ら選択して順調に成長しました。連勝している時は手が付けられないのですが、負け始めるとなかなか止まらない。いわゆる「ツラ相撲」の代表格として言及されており、この波をいかに抑えるかが今後のカギになります。おそらく現役力士の中で取組前のルーティンが最も多く、忙しい動きをすることが特徴的ですが、学生時代は仕切った後でスキップをするような別のルーティンがありました。ルーティンが細かいのは神経質なところに起因しているという話も。

大栄翔《だいえいしょう》

学生相撲出身力士が多い追手風《おいてかぜ》部屋の中で、高校卒業後に入門した叩き上げ力士。小細工をせず、真正面から一歩も引かずに攻めるスタイルは心が動かされます。このタイプの場合、劣勢になるとつい引きたくなるところですがそれをしないところも潔く、当たりの強さを磨き続けて着実に強くなり、２０２１年一月場所では遂に幕内優勝を果たしました。なお、追手風部屋では所属力士に「大翔」という字を四股名に付けるのが慣例でしたが、「大」と「翔」をバラして使うフレキシビリティに当時は驚かされました。ちなみに今では「大」か「翔」のどちらかを付ける形に切り替わっています。

宝富士《たからふじ》

日馬富士や照ノ富士、安美錦といった力士を輩出した伊勢ケ濱部屋に在籍。当時は相乗効果もあり上位で相撲を取る機会もありましたが、上位が相手だとなかなか得意の左四つになれず苦戦していました。２０１５年に初めて三役に昇進してからは上位を食う場面も見られ、マツコ・デラックス似ということもあり知名度が徐々に上昇。昔は上位力士が多かった青森県出身ですが、今は下位でも復権の兆《きざ》しが見られない状況です。宝富士の存在が力士を志す青森の青少年を刺激してくれたらと思います。

若隆景《わかたかかげ》

いわゆる「大波３兄弟」の末っ子。兄は幕下の若隆元《わかたかもと》と十両の若元春《わかもとはる》で、祖父は元小結の若《わか》葉山《ばやま》。父も元力士という相撲一家の出身です。様々なスポーツで「末っ子が最強」と囁《ささや》かれていて、同じ３兄弟の括りで見てもサッカーでは遠藤保仁、ボクシングでは亀田和毅がその代表格ですが、相撲では若隆景がそれを体現していると言って良いでしょう。なお、３兄弟では若隆景だけが学生相撲出身で、２人の兄の事例を踏まえて自ら考え進路においても最適解を導こうとしていることがうかがえます。なお、３兄弟共に小兵という特徴は共通しています。

琴勝峰《ことしょうほう》

２０２１年１月現在で21歳。幕内上位の力士の中では際立って若く、将来の横綱候補という声も上がるほどの逸材。近年では幕内の相撲に対応するのに時間を要するため、この年齢で頭角を現しているのは貴景勝以来ということを考えても昇進の早さがうかがえます。早くから実績を残した力士は出世することが多く、24歳までに初三役を果たした力士の約半数が大関以上に昇進しているというデータもあります。まずはここを目指してほしいところです。ちなみに本名は手計《てばかり》富士紀《としき》。初見ではまず読めないレアな苗字を持つ力士でもあるのです。

阿武咲《おうのしょう》

青森県の三本木農業高校１年の11月に退学し、阿武松部屋に入門。退路を断っての決断は近年では異例で、18歳５カ月での十両昇進は覚悟に見合った結果と言えるのではないかと思います。新入幕で３場所連続２桁勝利という際立った成績を残しましたが怪我もあり、同級生のライバルである貴景勝に後れを取っている状況です。速攻の突き押しがハマると相手を問わず持っていく怖さがあり、白鵬を相手に金星を挙げた経験を持ちます。ちなみに四股名は「おうのしょう」、本名は打越《うてつ》奎也《ふみや》。相撲はいい意味でシンプルですが、四股名も苗字も名前も、読み方に一癖あります。

栃《とち》ノ《の》心《しん》

元大関。ジョージア（旧名：グルジア）出身で、最近では少なくなった東欧系力士の一人です。「最近では少なくなった」という観点で言えば取り口であるパワーを活かした相撲、特に相手をガッチリ捕らえた後で吊り出しを見せる力士は幕内だと栃ノ心くらいしかいません。ただ近年では膝の怪我の影響から本領を発揮できない相撲もあり、強みであるパワーを見せられない苦しい状況です。東京オリンピックまで現役という目標もあり、何とかこの苦境を乗り越えてほしいところです。ちなみに日本の関係者への連絡はメールではなくビデオメッセージが主で、理由は日本語を打つよりも話したほうが早いから、とのこと。

玉《たま》鷲《わし》

モンゴル出身。早くから頭角を現す力士が多い中で、幕内上位に定着したのは一般的には下降線を辿ることの多い30歳を超えてからという遅咲きの力士です。長身で一気に突き放す取り口が持ち味で、開花したのは立ち合いを改善したためと言われています。陽気で冗談をよく言うことでも知られていますが、同じモンゴル出身力士とは必要以上に交わらず、情が移らないようにしている一面もあります。日馬富士による暴行事件の時に足を運ばなかった理由は「見たいドラマがあるから」だったという話は有名で、玉鷲の株を上げることに繋がりました。

遠藤《えんどう》

不祥事が続き２０１１年で底を打った大相撲が徐々に人気を回復し、２０１５年には満員御《まんいんおん》礼《れい》が続出することになったのは遠藤の存在が大きかったと言えるでしょう。従来の力士のイメージを覆《くつがえ》すルックスと、横綱大関への勝率の高さから新たな時代のスターとしての活躍が期待されましたが、度重なる怪我と平幕に対する取りこぼし（大関戦と平幕戦の勝率がほとんど同じ）から大きく勝ち越せないという課題があります。１９９０年生まれでもうベテランと呼ばれる年齢になりましたが、華のある力士ですので活躍を期待したいところです。また、テーピングやサポーターをしないことにこだわりがあると言われています。

隠岐《おき》の海《うみ》

１９８５年生まれで大ベテランですが、１９０㎝と長身でスケールの大きな四つ相撲を取ることから期待の大きな力士でした。ただ感情が表に出ないことや淡泊な相撲で幕内には定着するもそこから飛躍できずもどかしさが残りましたが、近年では幕内上位でも勝ち越せるところまで力を伸ばしています。相撲解説者の北の富士さんは孫弟子（隠岐の海の師匠である八角親方は北の富士さんの弟子）について稽古嫌いであると語ったこともありますが、私が八角部屋を見学した時には自身の稽古はもちろんのこと若手への指導も積極的に行っており、世間の評判はアテにならないものだと感じました。

竜電《りゅうでん》

中学卒業後から約2年で幕下に昇進した逸材。そこから5年近く掛かって十両に昇進しましたが、その場所に大怪我で序ノ口まで転落。番付外への転落を防ぐ目的もあり序ノ口で1番だけ取るという場所が4場所続いたことから怪我の深刻さがうかがえますが、本格的に復帰してから約2年で十両復帰。最初は大相撲の壁に、そして次は怪我にと多くの回り道をしましたが、弛《たゆ》まぬ努力で克服してきた苦労人と言えるのではないかと思います。しかし、素顔は苦労を表に出さない明るい青年で、その姿は大相撲のドキュメンタリー映画である「相撲道」を観るとおわかりいただけます。

輝《かがやき》

竜電と同じ高田川部屋に所属しており、竜電と同じく中学卒業から幕下までの出世が1年半という早さでその将来を嘱望《しょくぼう》された力士です。幕下で約3年足踏みしたことも竜電と共通していますが、それでも20歳での十両昇進はかなり早いほうです。大きな体を小さくして突き押すスタイルがどこかぎこちない印象で、腰が高く土俵際での逆転を食いやすいところもあります。その潜在能力を活かしきれていないのではないかと感じる力士で、26歳の今もなお「覚醒」を期待する声が多く聞かれます。何か一つ変わると歯車が噛み合いそうにも見えるのですが、それが何かはまだわかりません。ただ、期待の大きな力士であることは間違いありません。

明生《めいせい》

鹿児島県の奄美《あまみ》群島である瀬戸内町出身。最近は千代丸・千代鳳兄弟や大奄美《だいあまみ》、千代ノ皇《ちよのおう》など鹿児島県出身の関取は多く、また鹿児島の中でも離島から活躍する力士を生み出していますがその代表格と言える力士です。立浪《たつなみ》部屋に所属していますが、朝青龍は甥である豊昇龍が強くなると太鼓判を押す理由として同部屋の明生の存在を挙げており、その実力が高く評価されていることがわかります。ちなみに本名は川畑明生《めいせい》。名前を四股名にする力士は最近ちらほらと見られ、十両の竜虎《りゅうこう》（本名：川上竜虎《りゅうこう》）もこのパターンと言えます。

翔猿《とびざる》

「名は体を表す」と言いますが、翔猿はまさに四股名の通りの力士です。四股名に「猿」という字を用いるのは異例で、最初は違和感がありましたが動きで翻弄する取り口なので今ではしっくり来ています。新入幕で迎えた２０２０年九月場所は苦戦を予想する声もありましたが、まだ研究が進んでいないこともあり優勝争いに絡む大活躍を見せました。兄は英乃海《ひでのうみ》ですが、木瀬《きせ》部屋の兄とは異なる追手風部屋への入門を選択しています。ちなみに大学は兄と同じ日本大学。ただ兄とは外見があまり似ていない上に、兄弟と言及される機会がそれほどないせいか、彼らが兄弟であることを忘れる時もあります。

徳勝龍《とくしょうりゅう》

１９０kg近い巨漢ですが背はそれほど高いわけではなく、また他の力士と比べて目を惹くような奇抜な取り口というわけでもなく、キャラクターがクローズアップされることもそれほどなく、徳勝龍の取組で注目されるのはどちらかと言えば対戦相手のほうでした。ただ２０２０年初場所で私達は徳勝龍を知りました。攻め込まれながらも間合いを残し、土俵際で逆転を決める。この型が神懸かったように出続け、幕内優勝を勝ち取りました。優勝インタビューでの「バリバリ、インタビューの練習をしていました」という軽妙な語り口で、その人間性は多くの方の知るところとなりました。１９８６年生まれで稀勢の里と同世代。世代を牽引した力士の引退後に幕内優勝する遅咲き力士もいるのですから、わからないものです。

霧馬山《きりばやま》

白鵬や鶴竜といった１９８５年前後生まれの黄金世代がいて、照ノ富士は１９９１年、逸ノ《いちの》城《じょう》は１９９３年生まれ。１９９６年生まれの霧馬山はモンゴル出身力士の中でもさらにその下の世代になります。モンゴル出身という括りを外すと同世代には貴景勝や阿武咲がいて、世代的には下ではありますが際立って若いという存在ではありません。ただ、井筒部屋の閉鎖に伴い鶴竜が陸奥《みちのく》部屋に移籍してくると同時に急成長し、モンゴル出身力士の先輩たちのような迫力のある取り口を見せるようになりました。今伸び盛りの力士で、１年後どこまで成長しているか楽しみです。鶴竜がいつまで現役続行するかがカギになると見ていたのですが……。

千代《ちよ》の国《くに》

身体能力が高く、動きの速さと力強さで頭角を現した力士ですが、運動神経の良さゆえに無理な体勢からでも体が動いてしまうので怪我が多く、番付を上げては怪我をすることの繰り返しでした。しかも大きな怪我を２回経験しており、一度は西三段目28枚目、もう一度は西幕下46枚目まで地位を落としながら幕内まで戻ってきています。一度の大怪我から復帰した事例については散見しますが、これが二度となると千代の国以外はあまり見られません。その精神力と力士としての能力の高さは素晴らしいものです。３回目の大怪我がないことを願いたいものですが、無理ができてしまうのが千代の国の魅力でもあるので複雑なところです。

妙《みょう》義《ぎ》龍《りゅう》

荒磯親方や武隈親方（元：豪栄道）と同じ１９８６年世代で、日本体育大学を経て入門後は鋭い出足を武器にした相撲で一時は大関が期待されるほどの活躍を見せました。ただ妙義龍にとっての不運はちょうどこの充実期が１横綱６大関時代だったことで、上位力士の多くが全盛期を迎えていたこともあり大勝ちできず、怪我をきっかけに番付を落としました。ただ、今でも上位で相撲を取る時は勝っても負けても工夫が見え、ペースを握られると非常に厳しい力士と言えます。なお妙義龍という名前ではありますが兵庫県出身で、妙義山のある群馬県との縁はありません。

志《し》摩《ま》ノ《の》海《うみ》

近畿大学出身で、学生相撲出身者が多い木瀬部屋の所属。ただ、学生時代に個人タイトルを獲ったことがある力士はそれほどおらず、プロの世界に入ってからの成長が問われる部屋の門を叩いたと言えるのではないかと思います。幕下上位までは順調でしたが十両を目前に大怪我。序ノ口まで落ちた後で再起を果たします。２０１６年に一度念願の十両昇進を果たしますが、幕下を抜けるのにおよそ3年を要しました。十両から幕内まで1年かかり、１９８

9年生まれの志摩ノ海は今年で32歳です。学生相撲を経由するとあっという間に中堅・ベテランですが不思議と息の長い活躍を見せる力士も多いので、まだこれからです。

碧山《あおいやま》

２００９年の入門から2年掛からずに十両に昇進したブルガリア出身の力士です。10年くらい前まではこのように破竹《はちく》の勢いで昇進する外国出身力士がいましたが、碧山はその最後の力士かもしれません。１９８６年生まれで、学生相撲出身の力士と同じくらい遅いデビューのため、振り返ってみると出世が早かったのかもしれませんね。東欧系の力士は把瑠都や栃ノ心のようなパワーとアスリート的な能力の高さを活かした相撲になりがちですが、レスリングとアマチュア相撲の経験がある碧山は大相撲に早く適応し、長いリーチを生かした突き離しでも四つでも取れるのが特徴です。とにかく稀勢の里に強かったイメージが強烈で、碧山との対戦が発表されると前日からハラハラしていた方も多いのではないでしょうか。

千《ち》代《よ》大《たい》龍《りゅう》

「巨漢力士」と言われるとスピードはないけど山のように大きく、攻められても動じず相手の動きが止まったところを反撃するタイプの相撲をイメージされる方が多いかもしれません。ですが、千代大龍は２００kg近いのに当たりの強さを活かして勝つのが特徴です。見た目にもそこまで体重があるような感じはせず動きも軽快で、しかも攻めより話題になるのが引きです。破壊力のある攻めが持ち味なのでこの引きを批判されることもありますが、とにかくよく決まるのです。気持ちの弱さや劣勢から来る引きは墓穴を掘りがちですが、千代大龍のそれは思い切りが良いのです。好き嫌いが明確に分かれるタイプではありますが、何かと話題になりやすい力士でもあります。

琴恵光《ことえこう》

名門である佐渡ケ嶽《さどがたけ》部屋は常に多くの名力士を輩出していますが、アマチュアで実績のあるエリート力士のスカウトに長けているだけでなく、長い下積みを経て花を咲かせるタイプの力士がコンスタントに出てくるほど、育成力には定評があります。琴恵光はわんぱく相撲時代からの実績もありますがどちらかと言えば後者で、しかも中学卒業後に入門してからジャンプアップするような派手な活躍ではなく、着実に番付を上げてきたタイプです。宮崎県出身の関取というのは珍しく、初めて十両に昇進した時は32年ぶりでした。このような力士が中学卒業のタイミングで入門するのですから、佐渡ケ嶽部屋は名門と言えるのではないかと思います。

逸《いち》ノ《の》城《じょう》

一時は体重が２３０kgにまで達したほどの、モンゴル出身の巨漢力士。攻めを凌ぐ守りの堅さで形勢を逆転する取組が多く、幕下・十両共に２場所で通過。２０１４年九月場所では大関稀勢の里、豪栄道、そして鶴竜を破りあわや１００年ぶりの新入幕優勝かという大活躍を見せました。しかしこのスタイルに対する研究が短期間で進んだ結果、２０２１年現在ではまだ上位に定着できていません。一時は強く当たってからの突き落としという新しい型に活路を見出しましたが、起こされて土俵際まで激しく攻められると粘りが利かない点は改善が必要です。土俵際でもつれない、無理に残さないことが大きな怪我を回避させる結果になっているのは皮肉ですが、上位の世代交代が決定的に進んでいない今ならば成長次第で上位に定着する可能性も秘めています。

照強《てるつよし》

小兵力士というと昔の舞の海のイメージがあるので、飛んだり跳ねたりする中で隙を見つけて攻略していく型を想像される方もいるかと思いますが、照強は強く当たってスピードで相手を上回り、前みつを取っての投げや横について攻めるといった取り口が多く見られる力士です。２０２０年七月場所の14日目に朝乃山と対戦した際は意表を突く足取りで勝利し、この一番は照強を語るうえで最も印象的な取組の一つです。この勝利が同部屋の照ノ富士の優勝をアシストする結果となりました。塩をまく量が非常に多く、取組前の名物としてファンの間でも認識されています。

天空海《あくあ》

数年前に読み方や漢字が特徴的な、いわゆる「キラキラ四股名」が話題になりましたがこの天空海も四股名で注目された力士です。漢字だけを見ると普通ですが、これで「あくあ」と読むのです。出身地である茨城県大洗《おおあらい》町にあるアクアワールドが由来ということで、地域に根差した名前を付けること自体は大相撲で伝統的に行われていることではありますが、かなり思い切った名前を付けたと当時は感じたものです。なお、２０２０年十一月場所中にダンプカーに追突されながら大事には至らず、相撲中継中にその事実を明らかにしてお茶の間が騒然となりました。

千《ち》代《よ》翔《しょう》馬《ま》

立ち合いから様々な動きを見せて対戦相手をかく乱するモンゴル出身力士。張り差しや変化は当たり前で、相手も警戒するので立つまでに時間が掛かりやすいのは致し方ないのかもしれません。見る側もこのような特色を理解しているせいか、まっすぐ当たらなくてもそれほど否定的な声は上がりません。１３０kg台ということで小兵の部類に入ることも影響しているのではないかと思います。ちなみに年に一度、関取が全員両国国技館に集まり、稽古を公開する「稽古総見」の場で千代翔馬が稽古中にけたぐりを試していたのを目撃し、普通稽古の場で見られる動きではないので大変驚いたことがあります。

豊《ほう》昇《しょう》龍《りゅう》

ニュース記事などでも必ずと言って良いほど「朝青龍の甥」というワードが付けられるほど、その血筋が注目されるモンゴル出身力士。スピードと荒々しさが同居する取り口も、気持ちが取組ににじみ出るところも、そして風貌も、かつての横綱を彷彿とさせます。まだ体が小さく、朝青龍曰く「どのような相撲を取るのか本人の中でも定まっていない」ということで、発展途上と言えるのではないかと思います。逆に言うと方針が定まっていなくても幕内で勝負ができているわけで、伸びしろがどこまであるか期待せずにはいられません。

翠《みどり》富《ふ》士《じ》

静岡県焼《や》津《いづ》市出身。静岡県はこれまでそれほど多くの関取が出ていませんでしたがアマチュア相撲が盛んになってきていて、翠富士はそれを引っ張る存在と言えます。同じ伊勢ケ濱部屋には照強もいて、スタイルは異なるものの小兵同士で切磋琢磨できることも良いほうに作用しているのではないかと推測しています。得意技は肩透かし。流れの中で出ることはあっても多用する力士がそれほどいない技なので、翠富士の個性を際立たせる結果になっています。なお、同じ伊勢ケ濱部屋には近畿大学でも同期（共に退学）だった錦《にしき》富《ふ》士《じ》がいます。

豊《ゆたか》山《やま》

古くからある相撲部屋には伝統的に用いられてきた四股名がありますが、偉大な先人と比較されることもあってか最近では継承する事例は少なくなっています。ただ、豊山という四股名は新潟県出身で東京農業大学出身の力士が襲名してきたこともあり、必然だったのかもしれません。学生時代からのライバルは石橋（現：朝乃山）で、対戦するとかなり激しい展開になりますが大関に昇進した朝乃山と比較すると後れを取っているのも事実です。重圧が掛かる状況を自ら作りモチベーションとする気持ちの強さがあるので、数年後に驚くほど伸びている可能性があるのではないかと期待しています。

琴《こと》ノ《の》若《わか》

祖父は元横綱の琴櫻《ことざくら》で、父は元関脇の琴ノ若。埼玉栄高校で実績を重ねてから父が親方を務める佐渡ケ嶽部屋に入門し、3代続けて幕内昇進という史上初の快挙を達成しています。千代大龍が対戦後に衝撃を吸収するその柔らかさに言及するように、素材としての素晴らしさは折り紙付きです。23歳と若く、同部屋にはさらに若くて上位で結果を残している琴勝峰もいるので強くなれる環境は整っています。考えてみると大相撲では親子関取の事例も多いので、金銭的なハングリーさよりは若いころから相撲を取れる環境にあることが、伸びるためには大事なのかもしれませんね。

魁《かい》聖《せい》

日系ブラジル人3世で、日本国籍取得前の名前は「リカルド・スガノ」。力士としての特徴は下位の力士に対する取りこぼしが少なく、番付を落とすと安定して好成績が上げられる反面、横綱大関などの上位を相手に苦戦する傾向にあります。番付の上昇、下降が激しい力士のことを「エレベーター」と称することがありますが、魁聖はそれに当てはまると言えます。なお魁聖を語るうえで有名なエピソードとして、ブラジル出身なのにサッカーが好きではないということがあります。日本人で寿司が苦手な人もいますので納得ではありますが、最初に聞いたときはちょっと驚きました。

明《あき》瀬《せ》山《やま》

力士というのは筋肉の鎧の上に脂肪が付くために体脂肪率は高くても張りのある体つきになることが常ですが、明瀬山の場合はパン生地のように脂肪が付いているので初めて見た時には誰もが驚くことになります。巨漢力士ではありますがさらに驚くのが、動きが俊敏なこと。そして、闘志を前面に出した取り口であることです。最初に力士のイメージを覆し、そして見た目からのイメージを相撲で覆す。明瀬山は二度ビックリする力士なのです。なお、１９８５年生まれで白鵬と同学年。大ベテランでもあります。しかも幕内で初めて勝ち越したのは２０２１年。実は遅咲きなんです。

佐《さ》田《だ》の海《うみ》

二世力士が多い世界ではありますが、体型やスタイルまで似ている親子は佐田の海くらいではないかと思っています。それほど大きくはない体型で、素早く当たって速攻で決める。先代の相撲も子供の頃に観ていたのですがあまり記憶がなく、改めて見返したところ似ていて驚きました。その父から「男を磨くならこの部屋だ」と言われたことが決め手となり境川《さかいがわ》部屋に入門したエピソードが好きなのですが、境川親方ならびに境川部屋ではこの「男」というフレーズがよく登場します。古き良き相撲を受け継ぐ相撲部屋を選び、父のような昔気質の相撲を磨くのは美しい話だと思います。

西尾克洋（にしおかつひろ）

1980年生まれ。鹿児島県出水市出身。日本大学卒業後、2011年に相撲ブログ「幕下相撲の知られざる世界」を開始、'15年からはスポーツライター・相撲ライターとしてキャリアをスタート。「Number」「現代ビジネス」「大相撲ぴあ」などで相撲記事を担当。日本テレビ「超問クイズ！真実か？ウソか？」で相撲クイズ監修他、フジテレビ「直撃LIVE　グッデイ！」やTOKYO　FM「高橋みなみの『これから、何する？』」などへの出演・取材協力も行う。Yahoo!ニュース公式コメンテーター。

スポーツとしての相撲論《すもうろん》

力士《りきし》の体重《たいじゅう》はなぜ30キロ増《ふ》えたのか

2021年6月30日初版1刷発行

著　者 ── 西尾克洋
発行者 ── 田邉浩司
装　幀 ── アラン・チャン
印刷所 ── 萩原印刷
製本所 ── ナショナル製本
発行所 ── 株式会社光文社
東京都文京区音羽1-16-6(〒112-8011)
https://www.kobunsha.com/
電　話 ── 編集部03(5395)8289 書籍販売部03(5395)8116
業務部03(5395)8125
メール ── sinsyo@kobunsha.com

 ISBN 978-4-334-04548-7

1127
もしも、私が「がん」になったら。
81歳、現役医師の準備と決意
藤田紘一郎

81歳、免疫が専門の名物医師がとことん「がん」と向き合った。仕事は続ける？　治療は受ける？　改善すべき生活習慣は？　発症しても慌てない、嘆かないためのがん入門書。

978-4-334-04534-0

1128
お笑い世代論
ドリフから霜降り明星まで
ラリー遠田

芸人の「第七世代」という言葉が一般にも広まるなか、それ以前の世代が誰なのか、どのような変遷を経て現在に至ったのかを改めて振り返る。「世代論」で読みとく戦後芸能史。

978-4-334-04535-7

1129
郵政腐敗　日本型組織の失敗学
藤田知也

郵便事業の創業から一五〇年を迎えた日本郵政グループ。従業員四〇万人を超える巨大組織の実態は、「腐敗の構造」と究極の「事なかれ主義」だ。朝日新聞のエース記者が徹底取材！

978-4-334-04536-4

1130
「倫理の問題」とは何か
メタ倫理学から考える
佐藤岳詩

それは良いことか、悪いことか。これは正義か、不正義か――。日常がゆらいだときに現れる倫理の問題に、私たちはどう向き合えばいいのか。世界の眺め方が変わるメタ倫理学入門書。

978-4-334-04538-8

1131
名画で読み解く
プロイセン王家　12の物語
中野京子

フリードリヒ大王とビスマルクという傑物を擁し、世界最強国の一角に食い込んだプロイセン。ヨーロッパの原型を作った王家の２１７年間の人間ドラマを名画とともに繙く。

978-4-334-04539-5

1132
幽霊消防団員
日本のアンタッチャブル
高橋祐貴

活動をしていないのに自治体から一定の公金を受け取る「幽霊消防団員」。全国に広がる不正の実態がこれまで放置されてきたのはなぜか？ 若手新聞記者が日本のタブーを斬る！

978-4-334-04540-1

1133
「女性向け風俗」の現場
彼女たちは何を求めているのか？
柾木寛

昼の顔は営業マン、夜の顔はあらゆるお客様に分け隔てなく接するセラピスト。性だけの繋がりゆえに彼女たちが教えてくれた、この国のジェンダーとセックスの本音。

978-4-334-04541-8

1134
理系研究者の「実験メシ」
科学の力で解決！ 食にまつわる疑問
松尾佑一

太陽光でもお米は炊ける？ なぜ超音波をかけるとお酒は美味しくなる？ 食にまつわるふとした疑問。大学教員が自ら実験して確かめる！ 食欲と知識欲を刺激する異色の食エッセイ。

978-4-334-04542-5

1135
在宅医療の真実
小豆畑丈夫

在宅医療は「より良く生きるため」の手段／初めてでもうまくいく在宅医療の受け方／家族の負担をなるべく軽く――在宅医療に関わる救急医が、込み入った全体像を丁寧に整理・解説。

978-4-334-04543-2

1136
新・人間関係のルール
辛酸なめ子

人生の問題の多くを占める人間関係。SNSの発達やパンデミックの発生によって、人間関係にも新しいルールが生まれつつある。「コミュ力不足」の著者による、クスッと笑える24話。

978-4-334-04544-9